往事不回头
往后不将就

金莉◎编著

北方妇女儿童出版社

·长春·

※版权所有　侵权必究

图书在版编目（CIP）数据

往事不回头，往后不将就/金莉编著. -- 长春：北方妇女儿童出版社，2019.10
ISBN 978-7-5585-4179-7

Ⅰ.①往… Ⅱ.①金… Ⅲ.①人生哲学-通俗读物 Ⅳ.①B821-49

中国版本图书馆CIP数据核字（2019）第224712号

往事不回头，往后不将就
WANGSHI BU HUITOU WANGHOU BU JIANGJIU

出 版 人：	刘　刚
策 划 人：	师晓晖
责任编辑：	关　巍
排版制作：	文贤阁
开　　本：	880mm×1230mm　1/32
印　　张：	7
字　　数：	114千字
版　　次：	2019年10月第1版
印　　次：	2019年10月第1次印刷
印　　刷：	阳信龙跃印务有限公司
出　　版：	北方妇女儿童出版社
发　　行：	北方妇女儿童出版社
地　　址：	长春市龙腾国际出版大厦
电　　话：	总编办：0431-81629600
	发行科：0431-81629633

定　　价：32.00元

前言

——往事不回头,往后不将就——

生活是生命永恒的主题,每一个生命都有其独特的意义,因此每一份生活都有其独特的色彩。无论是柴米油盐那样平平淡淡的生活,还是策马奔腾那样轰轰烈烈的生活,只要是你想要的,就是最好的。

无论选择了哪种生活,相信你都曾怀揣梦想。套用一句曾流行一时的话:"做人没有梦想,那跟咸鱼有什么区别?"

我们经常从各种渠道听说这类故事:某个刚刚大学毕业的年轻人,孤身一人前往其他城市闯荡。而后他从最基层的工作做起,可能是在地下通道卖唱,可能是进入某家小企业做个普普通通的小职员,也可能是在某家小得不能再小的培训班做课后辅导老师,最终经过他的努力,取得了他心中所期望的成功。

我们往往将这些故事当作一篇与己无关的鸡汤,可能心中还在抱怨为什么自己就没有这样的运气,可是你是否想过,你为自己的梦想付出了怎样的努力？所有的梦想都不可能不付出辛勤的汗水转眼就到达成功的彼岸，其实努力才是你追梦之路的最佳伴侣。无论这条道路是光明璀璨还是阴沉暗淡，有努力才有冲向光明的希望。因此，真正的追梦者必须心存矢志不渝的勇气、不为外物而转移的志气，而一旦丧失了这样的勇气与志气，就只能从追梦的途中退出，变成了另一种样子。"立长志"的有志者与"常立志"的无志者，其最大的区别想必也在于此吧。

世界上有太多纷繁复杂的事情，也有太多超乎想象的情况，许多事情我们都难以预料。我们不能左右自己与梦想的初始距离，但我们能努力缩短这之间的距离；我们不能掌控时机何时到来，但我们能努力充实自己；我们不能预知未来的讯息，但我们能把握好现在的机遇；我们不能改变过去，但我们能规划好未来……往事我们无力改变，也不必留恋，往后才是我们生活的重点。

本书以梦想开篇，以坚持、努力、做自己为骨架，串联起生活这一主题，以一个又一个生动的故事为我们展现了那些朴素而深刻的道理，字里行间都充满了温暖的气息，遍布着生活的智慧。书中虽难免有不尽如人意之处，但仍然希望本书能够给你带来惊喜。

Contents 目录

——— 往事不回头，往后不将就 ———

01

不回头：有梦想，就没有无法抵达的远方

002／有梦想，就已经很幸福了

011／不后悔曾为梦想全力以赴过

021／实现理想，你准备好了吗

027／生活可以将就，但梦想不行

036／为了梦想，我愿砥砺前行

045／梦想不是空想，唯有付出才能换来收获

02

不将就：用心选择，才是最完美的答案

052 / 知足常乐不是你放弃的借口

062 / 每份经历都有它的精彩

070 / 你的选择需要你去负责

075 / 别人不会为你选择的道路负责

082 / 与其在人群中孤单，不如在一个人的世界里狂欢

091 / 你的生活取决于你自己

03

不抱怨：你的内心，要承担起生活的重力

098 / 因为内心强大，所以无所畏惧

104 / 学会坚强，你不是弱不胜衣

108 / 世事本不易，难道你都要逃避

115 / 别总留恋往事，现在的你属于远方

04

不放弃：你的坚持，终将成为美好的记忆

120 / 生活不是童话故事，努力才能换来希冀

128 / 别认输，阴影的背后总有阳光

132 / 最能打动人的，是你满脸汗水却仍在坚持奔跑

137 / 成功从不属于漫不经心

05

不妥协：时光正好，愿你不负青春

142 / 把握好今天，着眼于明天

149 / 不逼自己，永远不知道自己有多少潜力

157 / 成功没有捷径，唯有与困难死磕

163 / 专注是人生的必要条件

168 / 心之所向，即行之所往

174 / 努力着，成长着

06

不讨好：从现在开始，做一个骄傲的自己

182／你的人生，你自己决定就好

188／丢了自己，你将不再是你

193／全世界只有一个你，何必对他人的人生满怀憧憬

200／别因他人的指指点点迷失了自己

205／勇敢地去做自己，谁的人生不是披荆斩棘

213／人生短暂，你只需活给自己看

不回头：
▶ 有梦想，就没有无法抵达的远方

GO

饮冰十年也难凉梦想的热血，未来的蓝图由我们一笔一画勾勒。

▼ 有梦想，就已经很幸福了

[1]

脱口秀女王奥普拉·温弗瑞曾说："一个人可以清贫、困顿、低微，但是不能没有梦想。只要梦想存在一天，就能改变自己的处境。"

你的人生是什么样的？

也许你并不知道你的人生是什么样的，而是别人告诉你的。

很多获得成功的人会告诉你，怀揣梦想并到达成功彼岸的路途中充满了喜悦，会让你的人生与众不同，走出困境。

在我们对人生没有丝毫概念的时候，妈妈就开始问"宝贝，你长大了想干什么呀？"上学了老师会说"你要为了梦想而学习、努力和拼搏"。从那一刻起我们就已经有了一个根深蒂固的观念——人生要有梦想才能有意义，才会有盼头。

长大后，我们一部分人成了梦想的实现者和受益者，他们开始语重心长地对别人说教——"人，一定要有梦想"。另一部分人成了梦想的失败者和抵触者，屡遭失败的他们开始躲到生活的角落，告诉别人"无追求是一种最高境界，你得像我一样，看破红尘、看淡一切"。

还有一部分人，比如台湾著名漫画家蔡志忠，不断用梦想的实践，验证着人生几何，他会告诉你"人生，努力是没用的！人生就像走阶梯，每一阶都有每一阶的难点，你没有克服难点，再怎么努力都是在原地跳"。

这句话乍一听起来很反常理，其实他讲的是：要思考、要选择，否则任你怎么努力都白费劲。

或许我们得思考一个问题：你的梦想是来自别人尝到的甜头，致使你也想功成名就？还是来自妈妈的期望，逃脱不了的"别人家孩子"的阴影？又或者来自你内心最真实的渴望，想要完成一件事，历练出一种能力，获得一种认可的愿望？

这个思考，事关重大，关系到你能走多远。

[2]

也许你要说，梦想肯定都是五彩斑斓且美好的，只是通往这条成功之路的人生都是血雨腥风的拼搏史，容易到达的就不是梦想，一脚泥泞、一脚惶恐，成功之路就是"土黄色"的。

你肯定关注过这么一群人，他们的人生不需要拼搏，他们从出生就带着金灿灿的光环而来。你对他的人生评价写满了"羡慕、忌妒、恨"，以及永远到不了的远方，他们有没有"梦想"我们不得而知，也许他们早已拥有了一切，不需要追求所谓的"梦想"。

还有一些人在你看来是每天撞钟的和尚，从小和尚撞到了老和尚，终有一天在你不经意间，他们撞到了生命的终结，他们的"梦想"是与白色形成强烈反差的黑色，是探究不出所以然的。

还有大部分人像猴子掰玉米，一生有太多梦想，骚动得不知所以然，往往只能迈开双腿走两步换一个梦想，丢下一堆桃子比玉米甜、西瓜比桃子水多、兔子比西瓜好玩的理由，最终两手空空。在他们那里，"梦想"一直是彩虹，而且永远是彩虹，只能远远看着、默默许愿，消失了也安然接受，大不了就重新鼓起斗志。

就在我写这篇文章时，我正在医院的病房里守夜，临床是一个不停呻吟的15岁的小女孩，她被脊柱肿瘤折磨得生不如死，在她那里梦想只有红色，简单且单一，那是生命的颜色，梦想对她就是一种奢求，她每天最想的就是不要再疼痛了。

……

每个人心中都有着不同的梦想，或是负担，或是斗志，或是幸福，或是一种体验，真正想要什么只有你自己心知肚明。

[3]

记得刚毕业那年，我们都信誓旦旦地怀揣着做出一番事业的豪情壮志，在谁人面前都是一副山河无限好的勤劳致富形象。

有一搞工程的朋友，第一次到了工地，他要求自己坚持和民工划清界限，要有坚强的内心和精致的生活，运动、洗澡、刷鞋、刮胡子、看书、学习，拒绝一切工程队的娱乐活动，即使是迫不得已地参加也要保持自己的高姿态。他非常坚定地告诉自己"我不属于这里，更不属于灰头土脸的生活"，于是他拼命读书，下决心要考出去。这样的人，在工地一定会被当作怪咖。

  一年下来，看书无数，加班加点的工作让他无暇再过精致的生活，有时竟也不顾一身烂泥倒床就睡。

  不搞娱乐，考试也失败，难道自己就真的没有出路了？

  所以，他开始怀疑自己的人生和梦想。

  肯定是哪里错了。

  不接地气没有出路。工地就是这样，学这个专业就得灰头土脸。想明白这些，他开始融入大家。再也没人认为他是怪咖了。

  久而久之，什么梦想早就被束之高阁了。

  也许你觉得，这就是现实。梦想的最大障碍就是现实。

  蔡志忠从4岁半就知道自己的梦想是画画，一个农村的孩子，现实告诉他：不可能，你没有条件。但是他自己创造了条件，一画就画了一生，并且成为杰出的漫画家。

  林清玄不相信没受过教育就不能写作，他17岁开始独自闯荡，开始用笔杆子书写梦想，他坚持每天边打工边写作，30岁前他得遍了台湾所有的文学大奖。

其实每个人梦想的最大障碍是自己，是你把自己困在现实中，给自己找了无数理由。有很多"蔡志忠"，在第一次梦想被当作笑话之后，就再也没有谈起过画画这个梦想；有很多"林清玄"在打工回来筋疲力尽的时候，脑子里想的是"我先做到丰衣足食吧，梦想等有钱了再说"。

从此梦想被自己束之高阁。

[4]

蔡志忠说努力没有用，他说的是在努力的前提下，学会克服难题才是关键。我们从一开始都很努力，无论梦想是什么，都曾信心十足，但有多少人真正实现梦想了呢？

为什么你的梦想只走了两步？

第一步找到梦想，第二步开始奋斗。

对的，没错，你的很多梦想都是在"开始奋斗"时就夭折了。你经历的无数次失败，大体就是以下这样的次序。

我们第一次失败，是因为"大目标，小失败，困难来得太早"。我要成为一名画家，这是我的大目标，可我却因为第一幅四不像的画、第二幅擦坏了的画、第三幅弄湿了的画，心生厌恶，告诫自己自己并不是这块料，换个目标吧。人生就在这些换来换去的目标中度过了。

我们第二次失败，是因为"低创造性、简单、重复的工作"。有些人自始至终只会做简单重复性的工作，拒绝挑战和创新，拒绝研究与论证，这样的梦想唾手可得，当然也就无法显示出价值了。

我们第三次失败，是因为听惯了"失败是成功之母"这句话。它成了我们为若干不成功所找的最有说服力的借口，成功总要经历很多失败，到一定程度必定会成功，所以，对于从不总结经验的你、从不吸纳意见的你，成功之母永远是个未知数。

我们第四次失败，是因为"情绪占据上风，焦虑就像麦芽糖"。不成功的人，梦想实现困难的人，也最不易控制自己的情绪。要么因为急于求成而焦虑，要么因为认定"环境小、自我大"而踌躇，要么因为遇到一点点困难就暴跳如雷。其实你应该知道，越大的梦想越困难，越难的事越考验你的情绪，你的焦虑就像黏牙的麦芽糖，只会让你举步维艰。

我们第五次失败，是输给了时间。往往，我们的梦想有一个、两个、很多个，什么都想做，放到一起就没有了时间，不会计划、不懂得管理自己的时间，所有的事放在一起如一团乱麻，最后使你精疲力竭，不得不放弃一个又一个梦想。

我们最后一次失败，是败给了"应付"这一"绝招"。每个人都会习惯性把不成功归结为"拖延症"。"拖延症"是我们"无从下手、不想下手、还有时间、就这样吧"等心理作祟的结果，干了一堆不相干的事，一边看着溜走的时间，一边焦虑得像热锅上的蚂蚁，不会创造、没有经验，你说能不能做好一件事呢？

当然不能！所以最后你只得使出"绝招"——应付了事。

拖延的后果就是每件事都应付，那你就得不到任何肯定！挫败感使你一次次丢弃梦想，更丢弃每一个成功过程中可以发现和构筑的新梦想。

[5]

有人做过统计，其实有 99% 的人根本不知道自己真正的梦想是什么。

能实现梦想的人，并不是把梦想当作可有可无的事，更不是偶尔想想的事，他也不把梦想当作工作，而是当作享受，全身心投入，也许一生只有一个梦想，只做一件事，做到极致，身心合一，有谁能不成功呢？所以，你应当问问自己的内心最想要什么，只有确认了自己的梦想才能大胆地追逐。

人生也许就是实现梦想的过程。有很多方法和经验可以教我们——边做边学，锻炼自己越来越能投入，锻炼自己身心合一，要求自己一步步迈上人生的阶梯。

其实，没有人能教你什么，你的心如果告诉你"我必须完成这件事，非做不可"，那再大的困难你也能有办法解决。你的心如果告诉你"我好像还欠缺点儿什么，试试再说吧"，于是，再小的困难也会让你烦躁不安，甚至是焦虑。没有良好的心态，一切方法都是徒劳。

好好体验前进路上的每一次挑战，选对、想清楚、问自己、找方法，你就不会只走两步（第一步找到梦想，第二步开始奋斗），也许你会觉得生活真的五彩斑斓。

好好珍惜纯洁的心灵吧，为自己的人生树立丰碑，也许有梦想就是一件很幸福的事。

▼ 不后悔曾为梦想全力以赴过

人生这么长,

总会爱过几个人渣,经历几次失败,

受过一些委屈,咬牙吞下一些苦果。

嘿,我知道你很难过,

可是你要相信,我在这里陪着你。

——安安

[1]

小时候以为长大了是最幸福的事,不用写作业,不用站在老师眼前背课文,可以不顾父母反对吃很多根冰棍,可以肆无忌惮地到处乱跑,可以做自己想做的事,例如小时候称之为梦想的东西。

后来长大了,才恍然间醒悟,原来成长和时光之间隔着遥不可及的梦想。

小时候玩过家家,喜欢哪个男孩子,就和他扮演"爸爸妈妈",像大人一样,牵着手去市场买菜。长大了才发现,原来结婚不像想象中一加一等于二那么简单,烛光晚餐下还要衬托柴米油盐的烟火气。

小时候喜欢唱歌,就扯着嗓子四处嘶嚎,大人们总是笑着摸摸你的头说:"嗓门真大,一看就是歌唱家的料子。"长大了,爸爸妈妈开始面带严厉地警告你:"快高考了,别整天不务正业,唱什么唱,不耽误事儿啊!"

小时候觉得妈妈做的菜真好吃,脑子里想着,以后自己要是能做厨师就好了,可以把美好的东西分享给全世界的人。后来啊,你总能听到亲戚朋友背着你议论,做一辈子厨子能有什么出息,真是一点儿大志都没有。

如果能像电影画面里一样,仅仅"很多年以后"这一行字幕就能梦想成真,想要的都拥有,得不到的都释怀,那应该很美吧。

但生活永远都不会给我们这样的机会,走出的每一步都要我们清清楚楚地去经历,遇见的每一个两难的选择都要我们自己去取舍。时光里的点点滴滴,都将记录着关于未来的蓝图,而它是我们饮冰十年也难凉的滚烫热血,是一笔一画写下来的英雄梦想。

所有的梦想都需要我们全力以赴,就算一路无人陪伴,我们也要磕磕绊绊咬牙走下去。

[2]

晴天从初中开始就喜欢写东西,我们称她写的东西为"班级最八卦",她自己则称它为"未出版小说"。

晴天写的小说,内容是我们班级故事的扩充,例如班上谁和谁在一起了,他们以后会怎样,被老师发现后通知家长……要不然就是校花爱上校草的狗血剧情。

那时候还没有电脑、手机一系列电子产品,晴天就在草稿本上写了一本又一本,然后用订书机装订起来,变成厚厚的一本,再用白纸包个书皮,一本班级外传就诞生了。

晴天是她的笔名,就像她笔下的故事一样,无论开始时如何扑朔迷离,过程如何历尽艰辛,最后一定会给我们一个幸福美满的大团圆结局,就像日复一日的天气,最开始总是看不见太阳的淫雨霏霏,最后肯定是灿烂如火的艳阳天。

晴天写了很多小说,班级里就流传着好多本,包着白色书皮的原创小说,今天传给你看,明天传给我看。

晴天写了很多故事,那些信件像雪花般纷纷撒到各大杂志社,不过毫无例外,全部都石沉大海,音信全无。

那时候我们学校有个制度,倒垃圾的人不用去做课间操,倒完垃圾就可以回教室待着,因为倒垃圾又脏又臭又累,跑得又远,大家都不愿意做,所以不用出早操算是一个福利吧。

晴天为了节省下出操的时间来写小说,每次都抢着去倒垃圾,卫生委员每次看到晴天嘴角都要笑开了花。

有次恰巧轮到我和晴天倒垃圾,路有些远,垃圾桶里装着满满当当的废弃物,我俩抬着都有些累,晴天的额角开始冒出细密的汗珠,不过依稀能让人感受到她那时就像天空中飞翔的小鸟,自由且随性。

在往回走的路上,我有些好奇地问她:"以后是想当作家吗?这么拼命地写小说,说不定你就是下一个韩寒、郭敬明。"

她冲我温柔地笑了笑,淡淡地说道:"不用成为韩寒、郭敬明，我成为我自己就好了啊，我这么认真地创作，不是为了要成为谁，只是因为我喜欢。做一件自己喜欢的事情，就算做一辈子都会觉得很开心。"

她的眼角弯成了一轮月牙，好看得不得了。

在我的记忆里，晴天一直是个很乖巧的女生，就算私下写着这些她称为梦想的东西，也绝不会违背老师和家长的心思。

可我万万没想到，多年后得知她竟然一个人背着行囊去了北京的某家出版社。

对，在我们都被高考这道门槛压成炮灰的时候，晴天孑然一身去了北京。

说实话，我听过很多追梦赤子心的故事，可那都是在书里，在别人的故事里。在现实生活里，大多是想反抗却不敢发声的尚在襁褓里的稚子。

我们不甘心被生活所胁迫，却又不得不低头，还安慰自己这就是人生的本质。

可终究有人是和我们不一样的，就像晴天，她把人生活成了一首烂漫多彩的散文诗，人们在人间的牢笼里高声喊着向往自由，她却行走在无边沙漠中，追求着自己喜欢的东西。

有一次在 QQ 上聊天，我羡慕而感慨地和她说："真幸福啊，想不到你这么有勇气，孑然一身闯世界啊。"

过了很久，她都没回复，我也没在意，忙别的事情去了。

第二天看到回复的时候，她发来很长一段话：

"有时候啊，很多事情，表面上看起来风光无限、繁花似锦，可内里的情况，除了自己，谁又能说得清楚呢？一开始没多少工资，为了省钱只敢住地下室，连窗户都没有，如果没有手机，不看时间的话，连白天和晚上都分不清。为了省钱，在北京的第一年除了第一天从没打过车，每次都走路过去，实在太远的话，就挤公交……"

后来晴天回忆起那段时光时告诉我，虽然那时的生活是贫苦的，可内心是丰盈的，大概是因为做些喜欢的事，再如何熬不下去也都咬牙熬下去了。

[3]

如果你一直坚持做的事，可能一辈子都没什么大成就，你还会坚持吗？

在如今这个功利的世界里，无论你做什么，大家都会问你："做那个能赚钱吗？做那个以后会有出息吗？"

却从来没有人问过你:"你喜欢吗?做这份工作你开心吗?"

第一个问题我曾经问过我的一个朋友。

他家挺有钱的,做古董买卖,家产上亿,出门就是豪车,周围美女云集。

不过认识他的时候,他和我一起在北京"吃土",不算是"吃土",还是能买两罐啤酒和一点儿花生米的,然后一起憧憬未来,满眼发光地想象着以后的生活。

那是我毕业的第二年,成了一个名副其实的北漂,拿着紧巴巴的工资,交了房租就剩饭钱了,出门吃饭还不敢点荤菜。

他呢?

我一直以为他就是流浪青年,组了个乐队,每天跑各大酒吧,像情人节这样的日子,他们一晚上跑三四场,平时生意不好就在各大天桥底下、地下通道里卖唱,尽力把饭钱挣回来。

那时候他住我隔壁,隔着一个阳台的距离,而我们住的那个地方,是一个即将拆迁却一直没拆迁的城中村,每天都有各式各样的外地人流窜于此,凌晨两三点都能听到楼下的喝酒划拳声。

他经常凌晨两三点到家,而我那时候还在加班加点改文案,头发一抓掉一把。有一天他突然没带钥匙,然后就想起了我,确切地说,是想起了我家的阳台,他想从我家阳台翻过去。

他抱着试试看的态度敲了敲我家的小门,本来以为都凌晨了,是个正常人都应该睡了,可惜我不是正常人,顶着两个硕大无比的黑眼圈和一个乱糟糟的鸡窝头去给他开门。

如果有个人,见过你最丑陋的模样依旧不嫌弃你,愿意和你一起喝酒、吃肉,那就是值得性命相交的朋友了。

他经常翻过阳台,带着啤酒小菜找我聊天,有时候他的乐队成员也会挤在他家那个小屋子里,一起买菜做饭、看球、唱歌,我作为蹭饭的,感到不可思议,这些看起来外表放荡不羁的乐队鼓手、主唱,竟然都有一手好厨艺。

我曾开玩笑地说:"以后你们实在不行就去开个馆子,当个厨子也比现在混得好。"

他一边洗菜一边笑弯了腰,抬起头的时候,笑得眼泪都出来了。

他们挤在乱哄哄的小屋子里,每个人脸上都写着风吹日晒、岁月无情的沧桑感，可是他们的笑容却是发自内心的。

那一刻，我鼻子有点儿酸酸的，说不出话来。

很多年后再重逢，他早已放下了曾经那个梦想，西装革履，侃侃而谈，说的都是他曾经避之不及的生意经。

他还是继承了家族企业，步入大家认为的正途，可是无论如何，我都不会忘记曾经那张笑哭了的脸。

他满怀感慨地对我说："当年孤身一人去追梦，那时候过着饥一顿、饱一顿的日子，没有远方也无法逃避，可是那帮兄弟愿意跟我一起闯荡，那种感觉很好。"

他说，那时候他很喜欢我，可是不敢表白，就像我的玩笑话一样，去做个厨子也比那种过一天算一天的日子要好，他实在不敢告诉我，因为他觉得不靠谱。后来的某一天，他突然决定放弃了，一个人面对空荡荡的阳台哭得稀里哗啦，不过就算流泪也不后悔，毕竟用尽全力去尝试过了。

那年夏天，一个穷字贯穿了他的生活，尽管他以前过着锦衣玉食的腐败生活，可为了某些东西他可以住最便宜的房子，去超市里买快要过期的、打折促销的泡面。

[4]

人生这条路啊,

有人骑马,

有人开车,

有人踏着荆棘背着重重的行囊,

我们不能感慨命运不公平、抱怨人生太艰难,

我们能做的,只是咬紧牙关,磕磕绊绊地走下去。

▼ 实现理想,你准备好了吗

有次我在招聘实习生的面试中做些整理资料之类的零活儿,一个体校的在读女学生来面试。她学的专业不是很对口,但简历末尾特意加了一段话:"我真的很喜欢你们的品牌,也为之付出了许多时间和努力去研究探索,请给我一个当面表达的机会。"因为言辞恳切,所以面试官决定给她一个表达的机会。

面试进行得很顺利,快结束的时候,面试官想验证一下她简历里说过的话,于是故意提了几个超出实习生考核标准的问题让她回答。结果,她对我们公司的业务和品牌非常了解,侃侃而谈,对答如流。虽然有些地方张冠李戴了,但可以看出来她真的费了不少心思去收集信息和做准备。

面试官很犹豫,因为她看上去很有潜力,可她又确实缺乏相关的经验。"你的资质不错,可你真的缺少经验。"

她说:"请您给我一个机会,我保证在最短时间内满足公司对一个实习生提出的最高标准。"

面试官说:"说实话,我们很缺人,所以我们希望每一个人,都是坐在座位第一天就能立刻上手干活的。"

她毫不犹豫地说:"我肯定可以。"

面试官笑了笑。她立刻说:"我真的可以。您看,我大二就考过了英语四级,可是高中我学的是俄文,英语完全是进了大学后自己狂补上来的。"

最后,面试官当然给了她这个实习的岗位,因为从头到尾她表现出来的那种恳切的心情,比其他任何客观条件都更能打动人心。虽然在同一批候选人里,她各方面的素质只能算中等,但她用每一个细节来说服人们,她比其他任何一个人都更需要得到这个机会,一旦给了她,她就会用全力抓住,并努力使自己与之相匹配。

事实上,她在接下来三个月实习期里的表现,远远高出了人们的预期——其他人都是用平常心态做实习的工作,只有她给人的感觉是在"拼命做"。

出实习证明的时候,她曾问:"等我毕业了,再来申请你这里的正式岗位,会不会比别人更有优势?"对方回答她:"当然会了!"而我心里想的实际上是:有了这份实习得到的经验和技能,等你毕业后,完全可以得到更好的机会了!

还有一次,老同学让我帮她的一个师妹准备一个面试。之所以找到我,是因为她师妹申请的岗位,恰巧就是我曾经做过的岗位。这位老同学的师妹专程跑来找我,我们实际演练了一次,又通了两次漫长的电话,反复推敲一些说辞的细节和可能出现的状况。

我妈妈看到很奇怪地问:"你不是不爱管这些闲事吗?上次让你帮刘阿姨的女儿,你怎么两句话就把人打发走了?"

我无奈地回答道:"刘阿姨的女儿太懒了,简历上还有错别字就发过来了,然后指望着我帮她改好了递进去。"

发一个基础版的简历指望我去帮她修改?那怎么可能!

我们每个人在实际生活中,都不免有求于人,也不免被别人求助。而绝大部分人,其实也都乐意提供帮助,有时候我们拒绝,只是因为厌恶那种自己不做任何努力,总想着靠关系就能不劳而获的人。

当你希望对方给你一个机会的时候,你往往要先向对方投递一个"你为什么要帮助我"的信号。这个信号,不是靠词语堆砌成的,它应该是你为之付出的时间、努力和既有成果的总和。机会的大门,不能空手叩响,你需要手里端着一些东西,在叩响大门时,给从门缝中窥视的守门人看。

最后,我想讲一个真实的故事。一个朋友非常想进一家游戏公司,他留学时申请的专业,就是比照着那家游戏公司的一个岗位去申请的。可在读硕士期间,他先后申请了那家公司三次,都被拒绝了。但他真心喜欢那家公司,所以一直在密切地跟踪公司的动态,关注整个行业的新闻,关注了某些部门负责人的社交账号;同时大量阅读,给自己填塞各种可能用到的专业知识……

有次,一个同学告诉他,某城市要举办一个行业大会,网站上标明了这家游戏公司的一位高管会做主会场的嘉宾。他立刻就报名交钱去了,果然在会议间隙,和这位高管搭讪成功,并相谈甚欢。

然后,他拿着自己的作品集和其他精心准备的材料,满怀希望却也有些冒失地问对方:"我可以去你们公司工作吗?"对方很吃惊,回答道:"不好意思,我是来参会的,如果你想申请任何职位,请走正常招聘流程。"

几周后,他突然接到了一个面试通知,是一家无名的小公司发来的。他觉得公司名字有些眼熟,迅速查了一下,发现原先那家游戏公司的两位高管同时离职,创办了自己的公司。

他犹豫了一下,毕竟这不是他最想要的机会,但又觉得聊胜于无,于是过去面试。公司虽然小,但面试并不轻松。等他过五关、斩六将,和当时有过一面之缘的老板谈过,真正拿到 offer 的时候,他已经爱上了这家小公司,并且觉得这可能才是更适合自己的机会。在这家小公司里,他遇到了后来的合伙人,并在一个项目上又遇到了未来的投资人。

几年后,他回国创立了自己的公司,这是他在当年想都不曾想过的事情,可命运和机遇却一步一个脚印地把他推上了今天这个位置。回头看,如果不是进了那家小公司,他就会与今天的职业伙伴失之交臂;如果当年没有心心念念地努力争取那些机会,那么就认识不了带他入行的那位老板。

这个世界上仿佛有这样一种不成文的规矩:如果你很想达成一个目标,足够渴望并做好一切准备的时候,老天会替你完成剩余的部分。尽管在此前,可能你已经觉得无路可走了,到头来,机会还是会来,虽然和你最初设想的样子可能大相径庭。

到达目的地的航线,往往不会是我们在地图上凭空画出的那条线路。可在足够渴望及迂回努力的路线中,我们最终会有所收获。

生活可以将就，但梦想不行

[1]

我大概能想象，如今别人眼中的我是什么样子。

家境不错，事业有成，生活是如此完美。

记得前些天，我在微信朋友圈里发了一张桌上放着刚刚完工的水彩画，几坨染得五颜六色的纸巾和洗笔筒、调色盘的照片，我说，这就是我的游乐场。点赞的人很多，我的朋友琪私下给我发来信息，她说，看着我的照片，她心里有些难过。

"为什么难过呢？"我问她。

"我觉得你好孤独。"她说。

"是孤独,不过我喜欢呀,我喜欢我的生活。"我笑道。

"我也喜欢你的生活,但我没法儿过你的生活。"琪感叹道。

这是一个认识十余年,见证了彼此成长过程中许多艰难时刻的好朋友说出的话,有理解,有同情,有真心实意的欣赏。这样的话,比点一百个赞都更使我感激。

如何在疼痛中维持体面的平静?这门课程我修习了十年,如今仍在行进。

如何在独处中获得快乐并且富有尊严?这是同时修习的另一门课。

有时会猛然记起从前的日子:瘦弱的小女孩,因为父亲输掉了最后一百元而委屈、心疼得要掉眼泪,她高考准考证的钱未交、照片未拍,翻箱倒柜找出一张两寸照生生剪小成一寸。老师说这张照片不合格,她只好硬着头皮去照相馆拍照,拍完才对老板说,可不可以取的时候再给钱。

各人有各人的"深渊",命运何曾放过谁!

那样黑暗的日子里,我无数次默祷,梦想是各种各样的。在不该再相信童话的年纪,我发了疯地想要一朵实现愿望的七色花，虔诚地一个一个默许自己的愿望。很多次痛哭着睡去，幻想着醒来之后便是新的天地。

后来，我写了很多字，希望这些字有朝一日能带我远离那一切。

仔细想想，那时候的梦想几乎没有一个实现了，我到底没能去成非洲和北欧，更没能变得不可方物，但它们带着我，一次次地从生活的泥沼里爬出来。

人的向光性，并非本质有多么高尚，而是因为在明亮中比较容易过活。这点明亮是自己点燃的。

[2]

回老家装修房子的时候，我碰见一个老友。我们坐在茶坊里喝茶聊天，他早已不是当年无所事事的落魄小子，如今在县城的工商局上班，很得领导青睐。他略微变胖了，但依旧英俊，挽起的裤脚提示着他还未完全进入公务员的节奏，仍或多或少保持了年少时的不羁。

我们谈到他的恋情，那个相恋十年的女友，我说："你们没有再联系？"

他说："联系啥？完全没有联系。"

我感慨："十年，从高中到大学再到毕业几年，挺不容易的。"

他调侃道："是啊，她居然能忍我十年。"

我说："就不会不舍吗？你的心呢？"

他笑："我没有心。"

又提及如今的恋人，在同单位上班，父亲是工商局的党委书记。

我问："你们相处得好吗？"

"什么叫好？"

"比如，有共同的爱好，有共同语言，在一起不闷。"

他说："随便聊聊呗，她说什么我就跟着说什么。"

我很突兀地问了一句："难道你们不交心的？"

他愣了愣，随即响亮地笑出来，仿佛我说了个笑话。

是啊，我也忽然之间有点儿无地自容。我怎么能追问现在的恋爱关系里有没有"交心"。可想而知，我更不能问他："你爱不爱她？"这个问题多年前我问过他，那时他的女友还没有换，他毫不犹豫地说："爱。"

是我有些不合时宜了。

面对我这样一个曾经被他认为是知己的老友，他大概也为他的大笑感到尴尬。我们放下这个话题，重新谈起工作，他说，工作就是经常下乡和老百姓聊天，唯一可以感到快乐的是，有时候真正帮助一些人解决了困难，会油然而生一种价值感。

这些，多少冲淡了我心里的难受。

总是要有一点光，对不对？

要有那么一些东西，可以让我们在冗长的生命中活得不那么麻木。那天他送我回酒店，郑重地等着电梯关闭，我很感动，这是他年少时从未有过的体贴和风度，尽管明明知道，这举动或许来自无数次饭局应酬、接送领导的心得。

我的朋友们，那些在风里飞扬过、低迷过的少年们，他们都是这样，慢慢地被生活的潮水没过头顶。

[3]

回过头来讲我的朋友琪。

有一年，我正打算辞职离开成都，而她则徘徊在是辞职做生意，还是在艰难但薪水不高的职位上再坚持坚持。

我们在一个阳光和煦的日子约在某个商场门口见面。她说想买点儿东西，但那个商场人非常多，货物也很杂乱。琪带着我,熟悉地在熙熙攘攘的人群中穿行,顺利地以50元和20元的价格分别买下一个包包和一件T恤。我对她的杀价技术赞叹不已。她说:"这算啥,走,我带你去吃好的。"

琪所说的"吃好的",是在商场的后门,有一间巴掌大的门店,门口摆着三四张小茶几,老板在卖钵钵鸡。人非常多,有的等不到位置就用袋子装了拿到别处去吃,琪先抢了一个位置给我坐下,自己才去拿菜。

我们总共吃了十多块钱。和琪吃过饭的人会知道,光是看着她吃东西的那种满足劲儿,你都没有办法不开心。吃完,我们顺着马路慢慢散步,走累了,随便找了个台阶坐下,在午后的倦怠中怔怔地望着人来车往走神。

一辆宝马车从身边徐徐驶过,她说:"哎,要是啥时候,我能开上这样的车就好了。"

我说:"能的嘛,面包会有的,一切都会有的。""嗯!"她用力点头,眼里红红的。

学生时代我们便是如此相互鼓励的。彼时她住着行将垮塌的三四平方米的危棚,高三临近毕业,三餐都无人管。她的母亲为了她的学费,嫁了一个附近乡下的退休干部——那时正病得厉害,离不开人照顾。我陪琪吃面,早上吃面、中午吃面、晚上吃面。

大多数时候,她都是高兴的,在街上老远看见,就两只手举起来拼命对你挥舞。除了有一次,她难过得灌下不知存了多少年的半瓶白酒,醉得不省人事进了医院,大哭大闹得一塌糊涂。

琪说,她的梦想就是有一套自己的房子,哪怕只有五十平。

多年以后,她已经在成都买了第二套房,第一套给了她辛苦多年的母亲。

有一天我们在群里聊天说有什么心愿。有个女孩说想去爱尔兰旅行,琪说她想换个好点儿的车,现在的车是二手的,老熄火,费油。

瞧,梦想并无高低,亦无雅俗之别。你大可以向往平平淡淡,也可以追求轰轰烈烈。我之所以难过,是为了那些不再讲出梦想、甚至嘲笑梦想的人,他们放任自流地卷入浑浊的生活中,不再有坚持。

拥有梦想是一种勇气。

诚然,它会时时刻刻折磨着你的心,但梦想就好像黑暗中的那盏灯,就算永远不能抵达,至少使我们活得有方向,有朝气。有那么一块亮堂堂的地方很重要，走在人群中，我试图观察，有些面孔真的有光。

我喜欢家附近的那间超市里的送货女孩，每次在楼下按门铃，我开了，她都会大声地对着对讲机喊："开了！谢谢！"

好多次她是唱着歌上来的，开门之后一脸发光的笑容。不曾询问过她的梦想，但我熟知那种光是从幽暗丛林里焕发出来的，掩不了、藏不住。

我有个高中同学，家境很窘迫，一度中断学业去福建打工。后来他挣了钱回来念书，每周从学校往返家里，步行四十余里路。如今这个同学是某所高校的美术老师，平日教书育人，放假便外出旅行，一点点拓宽世界，丈量自己的人生。

有时我们做着一件事，是为了有朝一日不必去做这件辛苦事，过着一种生活，是为了终有一天能够过上另一种生活。

我写这些字的时候，我最亲爱的表妹远远，正在广州飞往上海的航班上吃着她最讨厌的飞机餐，为了工作，她一年几十次往返于各条航线，一旦得空回到自己小小的出租屋，无论多晚，最愉快的事情就是亲手做一顿不敷衍的饭。凌晨三点的两菜一汤对她来说不是负担，而是为自己加油的正能量。

今年端午节那天,我和久别的远远躺在酒店床上休息时闲聊,她换了新的发型,又像孩提时代那样,将我的裙子轮番试穿一遍。这好不容易相聚的一日,竟然舍不得拿来补补睡眠。我问她:"你还记得你那会儿的梦想吗?"她说:"当然,我现在也没变。"

远远的梦想,是赚够钱开一间超级有格调的精品私房菜馆。倘若只认识现在职场上雷厉风行的她,又怎会得知这个梦想源于那父母离异后她寄人篱下的童年。她永远被饥饿困扰,成为一种精神上不愈的疾患。

要是实在不行,卖冒菜也可以呀,哈哈。我笑。别的都能将就,唯独梦想不能——远远说。

▼ 为了梦想,我愿砥砺前行

　　长这么大,有几种人我是打心底喜欢的:贪欲面前坐怀不乱的,误解面前风轻云淡的,还有,梦想面前"花枝乱颤"的。

　　这种"花枝乱颤",还会因为日有所思理直气壮地变成夜有所梦:"我醒了过来。发现我的银行账户变成了9位数。发现我暗恋多年的女神居然也喜欢我。那家学霸才子们挤破脑袋都进不去的投资银行向我伸出了橄榄枝。"可惜的是,大家做梦都想成真的事儿,改变不了它依旧是铁打的梦的事实。

　　于是,难免在一个月凉如水的夜晚抱怨一句:原来世界是这样的。原来在梦想面前失望,就像到点了吃饭和八小时睡眠一样，是世界的主旋律。其实世界一直都是这样的，其实大多数时候命运都不会沿着鸡汤文的走向发展。只不过，为了证明你与一条咸鱼的区别，你的脑子里依旧不依不饶地装着那个叫作梦想的东西。

梦想，到底是个什么东西呢？

从它一出生，就带着光耀门楣的使命，总是在一个繁星满天的夜晚被人反复提起，为了它，人们热泪盈眶、心潮澎湃地握紧拳头说要去走千里路。追它的人用各种方式，浪漫的人会把它编成锁屏密码，严肃的人会用它悬梁刺股。

它的实际尺寸捉摸不定，可以大到是哈佛才子、硅谷新贵的纵横天地，也可以小到每年资助山区的一个穷孩子就是你夙兴夜寐、闻鸡起舞的全部动力。

它的内容极其个性。你真正挖出你心底的它的真面目时，你会懂得这个"梦想"不是你爸妈口中的名校毕业后一份体面的工作，不是你同学口中的谁又财务自由了，谁又上了福布斯排行榜，不是你同事口中的吃着火锅唱着歌、老婆孩子热炕头，亦不是马云用半辈子的励精图治换来的全世界的瞩目。它是你的"蜜糖"，却是他的砒霜。

它的功效因人而异。有时是补血剂，亦是暖心药，有时给了你欲罢不能的多巴胺，再甩你一个结实而冰冷的耳光。

即便这样，它依旧是所向披靡的大众情人。如果你是一个刚跨入大学这座象牙塔的翩翩少年，你不可能没有梦想，漂亮的试卷、百里挑一的实习机会和那个姑娘颠倒众生的回眸一笑，都是你美好的梦。如果你是一个刚进入职场的有为青年，你不可能没有梦想，无论是入世的高升还是出世的流浪，都是你的红玫瑰与白玫瑰。如果你是一个有老有小的中年大叔，你也不可能没有梦想，不过是脸上的故作通透掩盖了内心的蠢蠢欲动或翻江倒海。

最开始，梦想总是以最好看的模样捕获你，无一例外。

我站在十字街口，霓虹闪烁，喇叭轰鸣，梦想泛滥。

这里努力奔波的年轻人，从70后到90后不等，他们从四面八方赶来，大多走了很远的路来到这里，望着仰起头还看不到顶的摩天大楼，然后摸了摸胸口，发现那颗怀揣着梦想的初心还怦怦直跳。

那个没日没夜在小格子间被财务报表折磨的文科女，一直梦想着攒够了人生第一桶金，就飞跃重洋开始学习她从小挚爱的油画。

那个混得风生水起的投行男，一直梦想着能遇见内心清澈的姑娘，却总是被现实中带着强烈目的走近他的女孩伤透了脑筋。

那个飞遍世界的咨询女，面对无数钻石王老五的追求，却依旧没有从他们塞满事业与金钱的脑袋里找到契合二字。

连那个常常在烈日下吊在半空、戴着橙色安全帽的工人，在擦着外墙玻璃时，都会有那么一瞬间幻想在这座大城市有一个自己的小窝。

还有，无数你看得见或者看不见的众生，仿佛似阳光下的灰尘，洋洋洒洒。却不妨碍东山再起与草根逆袭的梦想让他们依旧看起来生动饱满且泛着金色的光芒。

这里像极了一片深不见底的大海。各种或彪悍或弱小的鱼儿，看似在自己的红海里忙碌，却装着另一颗盛满蓝海的心。

外面的人想进来，里面的人想出去，好像是一场我们这一代人的集体危机。其实，这与这山望着那山高并无多大关系，无非是走过年轻的浮躁之后，越来越明白照顾内心所需才是人生最珍贵的责任。看似坐拥无上财富的他，却只梦想着一场以真心换真心的罗曼史。看似经历人生曼妙的她，其实只希望拥有一颗淡定而从容的心。看似渺小且不起眼的他，其实心里装着整个世界。

可是，难的是，若干年后，有多少人真正地冲出围城，头也不回地踏上寻梦征程，又有多少人被眼前安逸的暖风熏得浑浑噩噩，然后在一个繁星满天的夜晚故作满足地说："梦想不过是骗骗毛头小伙子的。"

最终，执行力才是分水岭。

那天打开朋友圈，传来了又一位师兄辞职去创业的消息。他在对朋友的感恩信里提到，毕业十年，是从华尔街投行到中资券商，再到合资券商的转换，是从香港到纽约、到北京、到深圳，再到香港的轮回。他初到香港时，遭遇香港金融危机。事业起步之初，他缺枪少弹，一人身兼销售、研究、投资、交易多职，事无巨细样样要抓。内忧外患下，他无数次深夜独自徘徊在维港海边。但唯有咬紧牙关，以打落牙齿和血吞的孤勇杀出一条血路。而现在，他把过去的辉煌全部清零，重新再来。十年江湖沉浮，但人生已经没有下一个十年可以再挥霍。

而我记得，在十年前，曾是学校风云人物的他，同样咬紧牙关杀出一条血路，终于获得华尔街某投行的青睐，得到了国内学子从未得到过的头衔。

我也是在十年前，读到他惊心动魄的故事，看到了他熊熊燃烧的梦想。在十年后，他为了拓展生命的厚度，为了另一片难以舍弃的海洋，再次放弃打下的江山，出海远征。

不可否认，他一定也曾遭遇过质疑。可是，找到自己真正喜欢做的事情，就和找到真爱一样，是多么重要。那些背地里讲你坏话、说长道短的人无论是噼里啪啦的唾沫乱飞，还是心有不甘的阴阳怪气，都丝毫影响不了你波澜壮阔的人生。

那种为真爱奋斗的幸福感，是那些认命再顺便质疑你的人，一辈子都不可能得到的体验。

而真正决定了去追逐的人，也一定明白，博取世界一个中庸的盈盈笑脸，远不如得到一个瞠目结舌的暗赞。

也许你会说，代价好大。

可是你要问我，为了不浪费所学之长继续做一个秉承专业、勤恳编程的工科男，为了高薪与光环继续做一个每日在格子间享受财务报表洗礼的文科女，为了世俗的体面缴械投降找一个没太多感情的姑娘成家，或是为了一句"干得好不如嫁得好"与一个油头粉面的钻石王老五牵手爱琴海，还是优雅地转身，剥离虚荣心、迎合感、表演欲，露出一些赤胆忠心并好好爱它、照顾它，让它发扬光大，我会毫不犹豫地选后者。

人一辈子或许会遇到若干个你爱的人，受到若干次的诱惑，可是只能遇到这么一个叫作梦想的东西。明明想要却不去努力，没有执行力，压抑自己的念想，不过是在掩盖自己的无能，既放不下这边的岁月静好，又承受不了那边孤独的痛苦与安稳的离去。所以不要问为什么抱怨的人那么多，获得幸福的人那么少，因为真正的勇士也就是那么一小拨人。

而最后，追寻梦想的结果无非两种：你到了终点，或者，你落在了半路。

到了终点的你，怎样挥舞着彩旗，怎样歇斯底里地喊叫都不为过，洒了那么多血泪，矫情一下又如何。别人最多看到了你的辉煌，却永远明白不了你的艰辛。

落在半路的你，远远望着梦想，却也终于在时光的辗转里面目从容，莞尔一笑。因为自从你满心虔诚走在这条霞光万丈的征途上开始，你会发现你做了好多功课，忍受了好多寂寞，也积聚了好多力量。这些都会成为你日后的台阶、你周身的铠甲，让你走得更远，同时百毒不侵。不是每个人都有运气手握"王炸"。结果除了靠天赋、靠努力，还靠运气，但过程却是实打实的收获。只有你自己知道，没有一个灵魂的朝圣之路会白走。

也只有你自己知道，你即使落在半路，也好过把自己的梦想落在了半路。人生最大的痛苦不是失败，而是我原本可以。

和所有恋爱一样，到终点的多半是经历过艰难的，而且只是少数人，落在半路的才是大多数。但我们还是要去试，去努力，去感恩失败，去体验那个完整的、有意义的、不愿将就的、值得期待的"自己"的人生。人生很长啊，长到你真的至少可以好好心存一个梦想慢慢去规划着实现；人生也好短啊，短到你如果没有做自己真正爱做的事就一定会后悔。当然没心没肺的人除外。

想想小时候，你觉得最浪漫的事，不就是一个人翻山越岭，不畏豺狼去看山那头你魂牵梦萦的姑娘吗？

十几年以后，你还是你，姑娘换成了你的梦想，你跑了很远的路来到这里。即便梦想没有立刻以一个最温暖的拥抱等着你，却不妨碍这份浪漫在时间的发酵下，既注解了你勇敢追逐的人生，又给了你永远"有盼头"的幸福。

宁愿相顾莞然，不愿曾经沧海。

那么，再容我语重心长地讲一句，永远要感谢那些让你再次披甲上阵的梦想。是它们，引诱你，也召唤你成为这个寂寞天地里最珍贵也最独一无二的自己。

▼
梦想不是空想,唯有付出才能换来收获

[1]

我家附近新开了一个广场,一楼入口处有一个豪车展厅,里面展示了一辆蓝色法拉利,极佳的流线型车身,蓝得耀眼,打开的车门就像一双翅膀。每个路人看到灯光下的那辆法拉利,都会忍不住稍作停留。

有些小孩儿在看到它的时候,会像看到一个大型的汽车玩具那样兴奋,毫无顾忌地冲自己的妈妈喊:"妈妈,我要这一辆,买!"身边的大人看着孩子无忧无虑的脸和单纯的眼神,会微笑着敷衍道:"好好好,等你长大了就给你买。"

没过几天，我在朋友圈又看到了这辆法拉利，在一个熟人的最新动态里。那辆蓝色法拉利图片上，被他配了一行字："总有一天，我要把你收入囊中！"这行字使我觉得那耀眼的蓝色瞬间暗淡了许多。我又想到了在入口处那些跟父母叫喊着要车的小孩儿。

　　我看到，他的这条动态下面有个刚认识的人给他点了赞。我想，应该还有很多他刚认识，而我不认识的朋友给他点赞或留言，只不过我看不到而已。因为，我能看到他激情满满的回复。

　　若是在我刚认识他的时候，我肯定也会毫不犹豫地给他点赞。我欣赏每一个有梦想、有目标的人。梦想没有好坏之分，物质或精神，都值得鼓励和称赞。但是，这一次，我没有给他点赞。我不想让他因为又多一个赞，而使得本就飘飘然的大脑更找不到北。

　　其实，我很想给他留言："你是在等上帝掷骰子吗？"我还是忍住了，对于一个被梦想中的未来冲昏头脑的年轻人而言，这也许会变成一句鼓励的话，或者另外一个"赞"。

[2]

他是个二十出头的年轻人,家境普通。聊天时,你会觉得他似乎比同龄人更有想法,也更有抱负,不安于现状。最初认识他时,听他侃侃而谈,我这个一向"悲观走在思维前面"的人,会突然有种豁然开朗的感觉,也会感觉未来一片光明。

认识久了,我发现,我和很多人一样开始排斥跟他聊天。他能从一个创意谈到成功上市,世界在他眼里十分容易驾驭。但是,他唯独驾驭不了自己的生活。

他家在外地,借住在亲戚家里。他的工作总是换来换去的,但是大部分都是亲戚介绍的。我记得他的第一份工作是在一个比较大的正规公司。当然,这是与他后面的几份工作相比较而言。当时,他辞职的理由是同事无趣、时间安排不自由。公司的领导碍于他亲戚的面子,做了一些象征性的挽留。他还是执意要走,说要去做自己想做的事。

第二份工作据说是他自己一直感兴趣的,但是入职之后发现一切并不像自己想象得那样,太过辛苦了。于是他迅速撤离了。他最近的一份工作,是在亲戚的一个朋友的公司,一家带有个体性质的小公司。据说这个公司融资有点儿困难，已经好几个月发不下工资来了。可是他还没想好要不要撤退。据他说，这份工作很自由，而且跟老板亲得跟兄弟一样，无话不谈。

不过，他有一件事情倒是坚持了很久，就是买彩票。他经常会研究各式各样的彩票，前两年的世界杯彩票他也颇有研究。前几天，他又晒出朋友圈，说是一张彩票中了几十块钱，离自己的梦想又近了一步。我不知道他说的是不是法拉利这个梦想，但是我知道，他不用付房租，却欠了一堆的外债。

[3]

雄心壮志再遥远，也不必鄙弃。脚步丈量再慢，总有一天也会缩小与梦想的距离。所以，再卑微的努力，都配得上被仰视的未来。但是，又有哪一个卑微的梦想不需要用付出去交换？不需要用脚步去丈量？你不能坐在阳光普照的梦想下，等着上帝掷骰子。

有句很经典的话，曾经流传得很广，就是那句"明明可以靠脸吃饭却偏偏要靠才华"。可是，世界那么大，好看的人那么多，不努力又怎么能站到大家都能看到的地方闪闪发光？

任何成功都不是偶然，都是在通往成功的路上埋伏了很久的"蓄意"。

曾经听我一个朋友讲过一个让他有所触动的故事。他们公司的高级培训讲师是一个思维敏捷、表达能力很强的人。他的培训课都是妙语连珠，金句一个接一个，经常语惊四座。

有一次，我朋友很晚返回公司取一个急用的材料。整个公司空无一人，只有小会议室亮着灯。他误以为是最后走的人忘记关灯了，走到门口才发现是培训讲师在里面。只见培训讲师面朝空无一人的会议室，声情并茂地演练着培训课程，好似面前坐满了听众那般投入。

朋友感慨地说，一直以为那个培训讲师只是靠天赋吃饭的人，没想到私底下他是那么不吝付出、那么勤奋。

[4]

可见，越成功的人是越不会冒险把梦想交付给空想的，因为他们深知靠自己的付出，才会毫无悬念地拥抱自己想要的。

只有这样，他们的笑容才会更加笃定，才不会仅靠所谓的幸运收获梦想的惊喜。他们站在"梦想的实现"面前，笑得有多灿烂，背后就有多疲惫。他们往往看到了更多的晨光，也更知道深夜里哪盏灯曾亮到最后。

我们都曾有过等着上帝掷骰子的小心思，期盼世界给予我们一些额外的恩赐。面对一场未做准备的考试，我们祈祷题目都是刚好会做的；潦草上交一份方案，我们指望上司从这份潦草里看出与众不同的创意。在不自信的基础上降临的小惊喜，偶尔会给我们的人生增添几分乐趣，然而毫无准备的人生，却好似一场没有赌注的赌博。

因此，仅有一次的人生，我们怎能放心把命运交给随机，把梦想交给空想！

所以，对于躺在梦想上晒太阳的人，我只想微笑着为他祈祷：但愿上帝掷骰子，但愿上帝手里的那个骰子上写的都是你的名字！

不将就：
▶ 用心选择，才是最完美的答案

困境的样子总是千奇百怪，你的生活取决于你的选择。

▼
知足常乐不是你放弃的借口

[1]

五年级时候的何小安想当一名班主任,她觉得老师是一个伟大而光荣的职业,她说如果将来她做了班主任,一定要把班级管理得井井有条,学生们无论成绩好坏,都会得到应有的尊重,她要成为拯救教育界的一颗明星,名入史册,功留千秋。

初一时候的何小安想拥有一家自己的公司,她在日记里写:我要开着宾利奔跑在高速上,享受风在耳边呼啸的快感,我要坐在最高层全景落地窗的办公室里,在每一份起决定性作用的合同方案上签下我的姓名。

高三时候的何小安，目标是美国麻省理工学院，并考取世界范围内人才寥寥的北美精算师资格。她说，所谓梦想，就要宏远一点儿，不论做不做得到，都要努力。

大四时候的何小安，想要进入一等外企，优越的外语成绩，靓丽的青春样貌，丰沛的精力，工作中的升职加薪那还不是势如破竹、手到擒来的事情吗？

事实是，28岁的何小安既没有成为教育界的超级英雄，也没有坐在真皮椅子上签合同，更不必说精算师资格和外企高层的位置了。

何小安的朋友圈状态从一个个激情澎湃的鸿鹄之志，变成了岁月静好、现世安稳的祈愿，然后又成了生不逢时、怀才不遇，最后只剩下"平凡可贵"的自我安慰。

她给我打电话，聊起近况。

她说她在一家私营的小企业，拿着一份不高的工资，找了个工资略高于她的老公，在那个充满潮湿的南方城市，过着混吃等死的日子。

想了想，又开口，不知道是安慰我还是安慰她自己："也没什么不好的，我要知足常乐。"

我问:"你从前不是很要强,从不输人吗?"

她沉默,然后回答:"很早就没有那些激情了。"

碰巧我有事去了她的城市,她约我出来小坐,在与她的闲聊中,我对她的近况有了一个比较全面的了解。

当年她是要出国的,可是她妈妈说,国外的生活很辛苦,言语不通、生活习惯不同,她自小娇生惯养的,肯定受不了。何小安想象了一个人背井离乡的日子,想象了人生地不熟连个知心朋友都没有的样子,便没有坚持,她不愿意吃苦。

后来她考到一个还算不错的学校,学了当时很热门的英语专业,她的学校在一线城市,她想进外企的决心也是真的,然而毕业之后的求职路漫长修远,周围的同学劝她,找个差不多的就得了,要求别那么高;父母也劝她,回家来,留在他们身边,不要在外漂着了;然后七大姑八大姨也来劝她,一个女孩子在外边算什么事,趁早回家来结婚生子才是要紧的。

年轻的何小安遵从了父母的决定,回到了南方小城。

本来其他事情都能妥协,爱情上仍然坚持宁缺毋滥的何小安,在27岁那一年,还是接受了相亲结婚的命运,原因是她们的那座小城27岁已经是剩女中的剩女了,父母每天都像热锅上的蚂蚁，恨不得在大街上拉个男人回来娶了何小安。

何小安开始怀疑自己的坚持是错的，她陷于一种不结婚即是大逆不道的舆论里，邻居、亲戚、同学似乎都在议论纷纷，她终于还是放弃了，想着没准婚姻可以给她带来一些不一样的生活，以此来挽救如同一潭死水的自己。

她的丈夫，工作成狂，半夜归来，清晨离开，于他而言，家更像一个酒店，唯一的不同就是不用每天续付房费。何小安安慰自己，有个喜欢挣钱的老公也不错吧，至少自己不用为钱的事情过分操心。

一年之后，何小安怀孕，丈夫说："把工作辞了吧，专心带孩子。"

何小安答应了，她说她越来越懒了，也不再像从前一样，对生活有很多梦想，好像当个全职妈妈也没什么不好，得过且过也是过。她说："可是不知道为什么，经常会觉得怅然若失，总觉得生活一点儿意思也没有。"

日复一日的重复，年复一年的重复，确实没什么意思。

那大概是因为，在与岁月做斗争的这些年里，没有实现的目标，以及身边不断的打击，连带着那些被岁月磨平的棱角，让她对生活失去了欲望。

[2]

有一个很著名的实验,叫作"温水煮青蛙"。

将青蛙投入已经沸腾的开水中时,青蛙因为受不了突如其来的高温刺激会立即从开水中跳出来逃走;但是如果把青蛙先放入装着冷水的容器中,然后再加热,结果截然不同,青蛙会因为开始的水温舒适而在水中悠然自得,到水温持续增高到无法忍受时已经无力反抗。

生活有时候并不会将你一下子置于死地,它会出其不意地制造一些小麻烦。比如,周遭的人际关系,亲朋好友的意见,一次没有拿捏好的抉择,一次不该放弃的放弃或不该坚持的坚持,慢慢地打击你前进的信心,久而久之,你只好安慰自己:大概这是命运早就安排好的一切,是实现不了的愿望。我没有那种命吧。

于是所有的雄心壮志全被推翻,从开始的我一定要成为一个什么样的人,变成我也许能做好这些事情,再到我做不了这些事情、我没那种能力,最后只剩下一句:"算了,就这样吧。"

不得不说,困境的样子总是千奇百怪,说不好哪一个就成了让我们对生活失去热情的原罪。

[3]

我有个朋友说起她的叔叔——郁郁不得志了三十年，从二十岁到五十岁，叔叔当年是村子里唯一的大学生，长得文质彬彬，写得一手好文章，一心想去城里的报社工作。

那个时候，叔叔家虽然穷，但是家规很严，父亲的话就是权威，父亲说一个男人不要成天写什么无用的文章，娶个媳妇回家种地，来年有个好收成才是正经，叔叔没敢忤逆父亲。

于是叔叔就娶了个邻村的女人，过起了与父辈同样的日子，日出而作、日落而归，朋友说这些年她叔叔过得很清苦，不是缺少物质的那种，而是精神上。叔叔抽烟、酗酒相当厉害，经常酩酊大醉，仿佛没有了寄托，每天都过得无所谓，除了酒，对一切都不热衷。

直到有一年，朋友春节回家，与叔叔举杯对饮，喝到尽兴时，叔叔突然哽咽，说："这个时代很好，可以坚持自己想做的事情，你还年轻，要把握和珍惜，有些机会一旦错过了，就是一辈子。"

朋友说她觉得很矛盾，一方面理解叔叔的怀才不遇，一方面又觉得他咎由自取，因为这些年他不是没有机会改变现状。

叔叔结婚后的第四年，他的同学从大城市回来说他们单位需要一个写文章的人，叔叔同学想起叔叔当年的文笔非常好，便问问叔叔愿不愿意去城里重新开始写作生涯，但是叔叔在村里开了一个小卖部，总体而言，小卖部的生意让他的生活条件处于村子里的中上等。

叔叔割舍不下这样的安稳，不愿意换一座城市重新开始。

大概正常人都会做这样的决定吧，因为家庭，因为稳定，这样的抉择无可厚非，但选择之后还抱怨就显得不合时宜了。

还有一次，村子里的学校缺老师，校长找到朋友的叔叔说："你有文凭，不如来学校里当老师吧，只要你去考一个教师资格证就行。"

叔叔开始是很激动的，但是一想到还要通宵达旦地学习考证，然后要准时准点去学校上班，他就犹豫了，这些年过惯了自由散漫的日子，尽管心里对当年错失的机遇耿耿于怀，但这种感觉已经越来越淡了，淡到他甚至没有为之再努力一次的欲望。

他最终还是放弃了这次机会,继续过着他开小卖部的安稳日子。

[4]

一个人离自己当年的梦想越来越远,有的时候是因为生活所迫,有的时候是因为死于安乐,随着年龄的增加,越来越不敢轻易地改变现状,于是,那些所谓的野心,也就变成了尘世的沙子,风一吹,就散了。

张爱玲说的那句"成名要趁早",我是这样理解的:年轻的时候,对生活的好奇和探索处于相对来说比较有欲望的时期,精力和体力都跟得上,时间比较充裕,对自己自信,对未来有期待,所以在一个领域去坚持,容易成功。

而随着年龄渐长,已经被社会无情地打击了 N 遍的时候,人们对生活的期望值就会不断下降,不断降低对自己的要求,最终从野心勃勃变得安于现状,然后找了很多借口告诉自己:平凡没什么不好的,我现在也没什么不好的,那些曾经的愿望或许本来就不属于自己。

当你没有及时应对生活给你下的绊子的时候,就有可能被打击得信心全无且余力不足,任由磨难大行其道,渐渐地,对这些磨难从疲于应付到难以应付。

其实你可以在一开始就把这种消极扼杀的,从一开始就坚定你的愿望,不论受过多少挫折,只要有希望,就去干。

[5]

我在网上看到过一句调侃:间歇性踌躇满志,持续性混吃等死。

这可能是很多人的现状,包括我。

可是,如果你懒于改变,那么你就要忍受以后几十年如一日重复的人生,还有时不时地自我安慰:"算了吧,安稳点儿才是好的,没实现就没实现吧,那么多人都没得到自己想要的,也不差我一个。"

你的野心勃勃也终将渐行渐远,直到你再也不知道野心这个词语该怎么写。

并不是说一定要去为难以实现的梦想买单,而是不应该在明明可以努力奋斗的年纪,却选择了毫无斗志还劝说自己这是知足常乐,知足常乐这个词语应该用在"足"之后,没有"足"何谈"乐"?

你要怀揣着野心,让它发光发亮,让它尽情嘶吼,让它助你拔山盖世。多年以后，你才能够站在碧海蓝天之下，拥有你当初梦想拥有的一切，不负这光辉岁月。

你脚下，皆是你用年华努力拼来的基石，它们让你站在最高处，散发出耀眼的光芒。

▼ 每份经历都有它的精彩

嗨！亲爱的办公室新人小姑娘：

就在刚才，在洗手间里，我听出了在隔间里伤心哭泣的人是你。回到办公室，面对电脑上纷繁的工作，我突然发现即使最好的现磨蓝山咖啡也无法让自己平静下来，于是我开始给你写这封信。

我知道在你的眼中，我忙碌得要发疯，又无趣得要死，所以我写这封信你一定吃惊至极，但是我写了，因为我并不真的那么忙，也不无趣。

我想，今天对你来说，一定是很艰难的一天。早上，你红着眼睛来上班，我知道你一定又和男朋友吵架了。上午你接了一个电话，神色立刻黯然了，是房东要涨房租。度过了这样的半天，也就难怪在下午的会议上，你做幻灯片演示的时候语无伦次，以尴尬的沉默告终。接着，在我要上周就交给你做的报表，而你说你还没做好的时候，我板着脸告诉你："如果你不搞明白什么事情是不能拖的，后果将十分严重。"

然后我就去忙自己的了。你也许没注意到，我也有我的上司，如何让他满意是我每一天最头疼的问题。直到我在洗手间里听见你的哭泣，我才又想起你来。你哭泣的声音还那么的稚嫩，于是我一下子想起了——你今年才二十三岁。

二十三岁时候的我自己是什么样子？碰巧，在我记忆中最清晰的也是一次哭泣。那天，我现在的老公、当时的男朋友和我在电话里分手，我独自去火锅店吃了一大锅毛血旺，接着发现我的皮包被偷了，所有的生活费和银行卡都在里面。刚从警察局立案出来，我接到了大学同学的电话，邀请我去喝她的喜酒。然后——说是因为心疼红包有点儿丢脸，但是当时那确实是压死骆驼的最后一根稻草——我就那样在冬日的街头上，不顾过往行人诧异的目光，放声大哭。

也许生活要让每一个女孩都从一场痛哭开始，了解它玫瑰面纱背后的真面目。而每一个女孩，在生命中的某个时刻，都会被这样的严酷恐吓得失去斗志。但是亲爱的小姑娘,我向你保证,人这一辈子的幸福与苦难,绝对都在你的承受范围以内。生活比你还要了解你自己,它可狡猾了,它给你的苦涩,永远让你失望又不至绝望。而给你的甜蜜,永远让你浅尝辄止而充满向往。总而言之,It sucks, but you will love it。

人在二十多岁的时候,总是愿意相信一句话:生活在别处。你们很轻易地放弃一份工作,很轻易地放弃一段爱情,很轻易地放弃一个朋友,莫不是因为有这种相信?可惜人要到很久之后才能明白,这世上并不存在传说中的"别处"。你所拥有的,也不过是你手上的这些。而你兜兜转转最终得到的,也不过是你在第一个站台错过的。

所以小姑娘,我要对你说出今天的第一句忠告:好好工作。工作是一切并非天生公主的女孩成为女王唯一的方式,工作是一切自由幻觉中最接近现实的一种。更重要的是,工作帮助一个女人学会怎样爱自己,然后你才能好好地爱这个世界,爱别人,以及被爱。

我知道,在你的眼里,三十多岁的女人已经老得如同隔夜菜了。四十多岁的女人就可以去死了。没关系,我不介意,因为我自己二十出头的时候也是这样想的。让我再告诉你一句话：比老去更可怕的是年华已逝却还没在社会上找到自己的位置。所以亲爱的小姑娘啊，你得加紧了，否则你一回首已是三十岁之身。

现在的你，距离一个成熟、专业的职业女性，还差得很远。

你看，当你穿着泡泡纱公主裙来上班，或者在我和你谈话的时候顺手抓起一个文件夹支着下巴，作为一个女人及一个妈妈来说，我觉得你十分可爱，可是下一次我考虑下属升职的时候，可能无法选择你。

我不需要你下班后加班，小姑娘，我也不需要你在我走近的一刹那赶紧把QQ页面关掉。我们这儿是外企，一切都是结果导向，苦劳不计入分数。但我还是劝你，不妨用功一点儿。一个人的时间用在哪里是看得出来的。别跟着那些老男人、小男人抱怨社会，你改变不了社会，也不可能重新选一个爸爸，对不对？你能改变的只有你自己。

但你也不是真的干得那么坏。怎么，你有这种干得不好的感觉吗？哦，Sorry，那可能是我有意为之的。事实上，当你在会议上颤抖着声音阐述你的想法时，会议室里的那一片死寂代表的并不是不屑，而是震惊。因为长江后浪推前浪，我们这些前浪害怕死在沙滩上。所以我们当然不能让你发现我们被推倒了。

现在，让我们聊一聊爱情。鉴于我们都是异性恋，我们姑且把它简称为：男人。我二十三岁那年错爱了一个不值得的男人，导致了我和现在的老公、当时的男朋友的分手。还好后来我又有一个机会回头。

而你，亲爱的小姑娘，我不得不说，你分明也在一场错爱之中。这一点我从你红着眼睛来上班的次数就可以知道了。

不过没关系，每一个女孩的二十三岁如果不浪费在错爱之中，简直就是一种浪费。过一段时间，你一定会像当年的我那样明白过来：爱情，归根结底是为了快乐。虽然现在有一个流行的词叫作"虐恋"，但生活不是电视连续剧，和 Mr. Wrong 一味纠缠下去也拿不到片酬。

其实大多数男人都不懂得，虽然自古有"男人不坏，女人不爱"之类的废话，但是追求女生还就得靠诚意。女人的心灵结构是这样的：最外面的一层属于没有希望的追求者带给我们的小心动；中间的一层属于会伤我们心的坏男人；但是最深刻、最珍贵的心灵角落，永远只属于那个能让你真真切切地感受到爱的男人。

我说得对吗？仔细地感受一下你的现任男友，他伤过你的心很多次，但你在流泪的同时又隐隐觉得，其实他并未触碰到你心灵深处那最细腻、敏感的地方。别怀疑，你值得更好的男人去爱。如果将你比喻成《阿凡达》中的伊克拉，他根本从未完成过"连接"。

最后是金钱。恭喜你，你开始意识到钱的重要性了！请你非常清楚地明白这一点：在你大学毕业之前，生活不是不严酷，只是当时是你的父母在为你付账单。而现在，你进入社会了，你自觉地将许多欲望视为自己的责任了。

你毕业于不错的大学、不错的专业，口齿伶俐，相貌清秀，我觉得你真的可以算是非常幸运的女孩了，你觉得呢？其实我也觉得自己十分幸运能够以这样的薪水雇用到这样的你——当然我不会告诉你的——等到你自己发现的那一天，我再适当地给你加一点儿薪水。

你是这样的幸运，你却羡慕我的房子、我的车、我的钻石耳钉。我都不知道你在羡慕些什么。我有的一切岁月都会带给你，而你有的我再也不会回去了。你真的没有必要因为你的衣服不如别人，包包不是名牌，或者存款还不到五位数而觉得不安。因为我们每一个人都是这样过来的，再也没有比二十三岁的贫穷更理直气壮的事情了。

相反,你不知道当你年轻的肌肤上带一点汗水,在我们这些老家伙的眼中是怎样千金难换的美好。

我不是说我羡慕你,因为我自己的二十岁过得足够耀眼。其实我喜欢现在的自己,我喜欢每一个阶段的自己。在我像你一样二十多岁的时候,我就像一个没戴眼镜的近视眼,这个世界在我的眼前是混沌的,唯一清晰的只有我青春美丽的身体。

但现在,这个世界对我来说,很清楚。我眼前的路,我眼前的人,当然也包括你。

写到这里,我突然发现,如果我有机会回到十年前,我不会改变任何一件事情,因为我舍不得每一个选择带给我的回忆,即使并不完全是美好的。

所以,亲爱的小姑娘,虽然,生活在今天对于你来说,天是暗的,风是冷的,也许喝口凉水都会塞牙。但是,我多希望能让你了解,一切最终都会化为一个会心的微笑。请好好享受你的二十三岁,努力而不费力地等待岁月为你揭晓答案。

你看,生活总是令我们出其不意。你在洗手间里的一次哭泣,却让你的老女人上司理解了二十三岁时的她自己。为此,我要谢谢你。也同时决定了,我只会将这封信存在我的电脑里。因为你,亲爱的孩子,有权用你自己的方式成长。

你的老女人上司

▼
你的选择需要你去负责

既然你当初的选择是认真的，那么，你就不应该轻易对这个选择丧失信心。你要知道，你的人生之中，没有一个选择是平白无故的，没有一个发生是毫无意义的。

在追求的路上，在前进的路上，你有时候会失去对未来的信心。你看不清远方的路，你看不到自己现在的努力到底能否有所收获，甚至，你会开始怀疑自己选择的方向是否正确。

在那时，你多么希望上天能给你一些指引，哪怕是细微的提醒。然而，所有的一切照常进行，没有大救星出现，来解救你于迷茫之中。你多么希望，自己能如一个迷了路的孩子一样，遇到一个好心人，指引你找到路。

你的力量一点点消失，你的情绪越来越低落，你的内心越来越烦乱——"我到底该怎么走？"你问自己。可是，答案在哪里呢？甚至连你自己也不知道。

有时候，你不知道自己该怎么办，像一个突然落水的人一样，四处乱抓，试图拼命抓到一点什么，以便获得支撑和力量。然而，你会发现，你越是四处乱抓，越是慌乱，越快耗尽自己的力量，以至于无力把握即将到来的希望。

事实上，你必须明白，力量不在外面，只在你自身。你必须静下来，向内寻找，方能获得指引。正如，有经验的历险者都懂得，迷路的时候最忌讳着急、慌乱。越是在无助的时候，越是要冷静、沉着。因为，只有冷静下来，你才能感觉到自己的心，才能收到内在的指引，你才能经由内心的指引去发现任何外界可能的希望和机会。也只有你的心静下来，你才能感觉到自己、了解自己，看清外界，看清真相。

面对问题，面对难题，你必须学会静下来。这能让你更智慧地看待问题，获得解决问题的力量和方法。

我们每个人，事实上，都是走在从黑暗通向光明的路上。因为没有人知道自己的路会怎样；没有人知道自己会遇到什么、收获什么；没有人知道自己所走的路的尽头到底是什么；更没有人知道明天会怎样……前方、未来，一切似乎都是不确定的，然而，这就是事实。我们选择了一条路，就选择了一种不确定，而正是这种不确定，让我们有机会通过努力实现一个未知的、精彩的、激动人心、充满奇迹的人生。正如一句话所说：人生的意义是什么？就是通过我们几十年的努力，证明我们是一个怎样的人。

所以，当你不知道怎样走、怎样做的时候，不要着急，静下来，仔细地看看，在你的方向上，在你走的路上，离你最近的、你能努力改善的事情是什么。那么，用心去做好它们。往往，很多的希望、指引、突破，就蕴藏于其中。

有的时候，细想一下你会发现，人生真的与寻宝有些相像：首先，选择一个方向——你要寻找什么；接着，你通过各种努力，找到一个似乎是终点的地方，却发现，它又指向另一个更神秘、更难找的地方；你再次努力，再去寻找，终于找到了这个地方，但它又指向了下一个更离奇的地方……一次又一次，经历无数风雨、历尽各种险阻，最终，有些人找到了那份宝藏。

而最终成功找到宝藏的人，往往就是那些从未放弃，不怕困难，勇敢向前，百分百相信能找到宝藏的人。而这过程之中，有的人遇到一些困难，开始怀疑是否真的有这份宝藏，最终放弃了；有的人，是跟着别人来的，因为他们看别人去寻宝，觉得好玩，并想顺便幸运地遇到点儿收获，于是，当很多人散去，少了热闹，他们也就放弃了；有些人，在这个过程中遇到意外，牺牲了；而只有极少数的人百折不挠，最终找到宝藏。

这就是人生历程，而你会选择做哪一种人呢？

人生是抽象的，生活是具体的，人生路如此，生活也是如此。你选择了一份婚姻，这条婚姻路，也一样充满不确定，你不应该一遇到问题，就怀疑你的选择是否正确，害怕出现问题。而是勇敢面对，通过与爱人一步步努力，解决问题，去实现属于你们的幸福婚姻、幸福家庭。所有的幸福，都是在通过解决一个个困难和问题，逐步建立起来的。

你选择了一个人，就要相信对方，你选择了一份婚姻，就要对这份感情充满信心。无论遇到什么问题,你都要明白,问题是人制造的,那么,只要诚心对待,问题也一样可以得到解决。

既然你当初的选择是认真的,那么,你就不应该轻易放弃。

▼
别人不会为你选择的道路负责

[1]

前几天看一篇文章,大概是说有很多年轻人常年被父母困扰着。

这种困扰有时候是软性的,有时候是硬性的。软性的大概是指父母常年念叨"你怎么不结婚""你看看别人家的孩子"等精神上的压力;硬性的是指当你决心做什么事情,他们就以性命相威胁,"从此以后我们断绝关系",以种种为你好的理由迫使你放弃梦想。

随手打开一个豆瓣小组，就能看见有姑娘哭诉：男朋友其实还不错，但是父母就是不同意；想去找一份自己喜欢的工作，父母却万分阻挠，要求孩子回家考公务员。

前几天，微博上有一条热门长微博，大概是一个姑娘找了一个还不错的男朋友，男生做着小生意，不算富裕，但也算衣食无忧。她的父母认为做生意的都靠不住，非让她找一个公务员男朋友。他们为这份感情抗争了五年，男生想方设法地讨长辈欢心。不过，她的父母仍然不满意，采用各种威胁，最终拆散了这对情侣。

我的堂哥也是这样。

他的父母把他看得紧紧的，从小到大，无论读书、大学选专业，还是找工作，都得在其中插一手。

他从小喜欢打游戏，毕业以后，在广州一家大型网游公司当程序员。可惜，他的父母觉得这份工作太没面子，非要想办法让儿子去事业单位上班。

堂哥当然不可能同意，他母亲就天天去公司闹腾，今天闹自杀，明天闹心脏病发作，最终，他不得不辞掉自己喜爱的工作，眼睁睁地看着母亲花十多万疏通关系，去了一家事业单位过上无所事事的生活。

几年过去，曾经和堂哥一起入行的朋友都当上了游戏策划，过着年薪五十万元以上、有车有房的中产生活。我想，他终日郁郁寡欢并不仅仅因为昔日好友的事业成功，自己则是一个铁道部小职员；更重要的是，他被迫放弃了自己人生中最喜欢的事情，而亲手推动这一切的人——偏偏是父母。

[2]

我想，不仅仅是豆瓣上、微博上的那个姑娘，也不仅仅是我的堂哥，有很多人面临着"听爸妈的，还是听自己的"的困惑。至于我，也曾经有过同样的纠结。

我的家庭是再传统不过的家庭，父母希望我能回到家里，尽量不要出去工作，随便嫁一个他们朋友圈子里的儿子，每天逛逛街、吃吃饭就好了。当我刚开始写作的时候，家人问的第一个问题是："谁会去看呢，你为什么要浪费时间在这种事情上？"这种心情是很矛盾的，一面是父母希望你能放弃事业心，过上安稳的日子；一面是内心的召唤。

家人一直是我们很重要的部分，当我们想要去挑战一件事情的时候,首先希望得到家人的支持。我们需要的并不是喋喋不休的建议和阻挠,而是有人对你说:"没关系,去试试看嘛,又没有什么损失。"只要不是铁石心肠的人,对于家人的打压和批判,还是会觉得很沮丧的。

我挣扎了一段时间,最后还是想明白了,父母和子女的关系就是一种情感,这种情感像所有的情感一样,不能要求其中一方牺牲快乐来满足另外一方,即使你顶着"孝道"大旗迎合父母、放弃自我,最终这段关系里也会充满怨气。

听话更是伪命题。先不说绝大部分的父母对自己将要干涉的领域丝毫不懂,比如说:在事业上默默无闻的父母跑去干涉子女的就业问题;婚姻不幸福的长辈干涉晚辈择偶。如果你听了这些人的话,就是对人生最大的不尊重。

说真的,你真的会听蛋糕师教你怎么修空调吗?

[3]

脱离父母的控制只有两种方法。

第一个方法是离开家去读书、工作,在一个新的环境中重塑价值观,找到一群志同道合的朋友;第二个方法就是珍惜叛逆期，我一直觉得叛逆期是很棒的时期，它能让后代尽可能地脱离上一代的影响。

最终，我能坚持自己的内心并不仅仅由于坚强、心怀勇气之类，而是我对"这件事情"的喜欢程度到了"不给我钱都会想继续做下去"；当然，还有朋友对我的支持，志同道合的朋友永远是最坚强的心灵后盾。你会和父母吵架、闹翻，甚至来一场冷战，爱他们却又把关系搞僵。可是，有一些事情现在不做，真的永远都不会做了；即使冒着被全世界打脸的结果，还是会想去试试看。

在我们做出选择的时候，还是可以听一下父母是怎么说的，最终的决定权还是应该在自己手中。

任由父母操控自己的人生，有一个很大的BUG——他们帮你选了，却不会帮你承担后果。比如说，你嫁给他们喜欢的男生，可是，那无趣的婚姻、糟糕的生活，他们并不需要去感受，吃尽苦头的仍是你自己。他们安排了一件你不喜欢的工作，每天上班面对奇葩老板的人不是他们，而是你。父母是很重要的人，在无伤大雅的小事情上可以顺着他们的意思，而在重要的事情上，在关系到人生幸福的事情上——请在夜深人静之际，问问自己的心吧。

说一句不太礼貌的话，有时候，我们真的不需要那么在乎父母是不是高兴，他们和我们一样，是成年人，应该学会处理自己的情绪，而不是要求子女变成"让他们高兴的东西"。

你的生命里可能会出现很多人：父母、女朋友、好哥们儿……他们有时候会自以为知道什么东西对你是最好的，实际上，他们并不是那么了解你。

所谓对他人的尊重，最基本的一点莫过于——不要以爱的名义去阻挠他，因为，你无法代替他去后悔。

[4]

现实是能摧毁梦想的，闲言碎语能让你忽略内心的声音。

尤其在一线城市，每天都有很多人在压力之下忘记了初衷。没有梦想是一种错吗？当然不是，它是一种生活方式。

不过，我仍然会觉得，那个"非做不可的梦想"太珍贵了，如果你找到真正想做的事情，请不要那么早放弃它。

它们有可能都很糟糕，也有可能都很好。在上个世纪末，每个人都认为"工厂工人"是很稳定的工作,而转眼之间他们就下岗了。什么是安全的?什么是危险的?什么是有保障的?父母是不是对的,我真的不知道,就如同薛定谔的猫,必须打开盒子才能知道猫到底是死还是活。

我们根本不知道明天会发生什么,也无法预测;所以,我们只能尽可能地做好当下,做好每一件小事。

▼
与其在人群中孤单,不如在一个人的世界里狂欢

[1]

你合群吗?

今天恰巧在朋友圈看到一个朋友的话。

他说:"自己有点像约会恐惧症重度患者,会在约好的时间发一条短信:我不想去了。然后静待拉黑。"

说实话,我还挺喜欢这样的人的。所以我给他回了句:"我经常这样。"

他笑,我就补了一句:"没有为什么,就是不想去。"

然后他说:"现在对方已十分生气地发了十多条语音,但我一条没听。"我说:"我也是这样,我现在特别害怕语音。"

后来我们都乐了，一如朋友认为的：

"电话是带有侵入性的，而我也把屏蔽信息当成防卫。"

在信息爆炸的时代里，我们已开始学习自我防卫了。而所谓的防卫，就是避免信息干扰。

[2]

在这高感知的时代里，我不知你是如何看待信息的。

我已经删掉了一系列的资讯类平台，除了自己定期订阅的特别冷门的公众号之外，我甚至已经不关心金融、娱乐、社交一类的信息，艺术类的信息偶尔关注，也仅限于自己喜欢的艺术家，那些没有哲学系统的创作者，我也已经不关注了。

而当朋友圈出现热点或者娱乐花边时，我很轻易地看出，哪些是涮大众智商的，哪些是利益博弈，哪些是单纯的新闻。

我觉得这个时代的部分新闻从业者太敷衍了，纯粹的报道早已让各大平台缺乏亮点，从来没有从真正意义上，从良知、传媒伦理等层面带给大众真正有用的东西。简单说，在技术快速发展的今天——机器人写作都来了——我们的大脑还跟不上技术。

所以,我们并不能分析出哪些内容是有价值的,而哪些内容是浪费时间的。

在我看来,屏蔽绝大多数信息,是对自我灵魂的保护。我不希望自己被噪音侵袭,也不希望自己被舆论绑架。

避免被噪音侵袭,其实是确保自己的时间不被浪费的保障。

[3]

说到浪费时间,所谓合群的社交和聚会是我第一时间屏蔽的。

更多时候,一如你们所知道的,在我游泳之后,我会带两三本书去吃一碗茶泡饭。

在日常生活中,绝大多数的聚会都是无意义的。

如果说独立思考的个体是具有群体智慧的,但事实上,现在的我们其实已经缺乏个人判断了,甚至形成"系统性偏差"。

虽然说，一个人可以走得更快，一群人可以走得更远。但毫无意义的聚会和社交只会让我们更加平庸和愚昧，我们的懒惰、无所事事、不思进取更影响了别人的人生轨迹。

所以，但凡遇到聚会，我都很谨慎。

一是避免自己不成熟的观点会影响到别人，二是避免别人的负能量影响自己的情绪。

未来充满不确定性，我们或许只能做好自己。这点既是明哲保身，也是不想耽误别人前途。

当然，在这里不是说不能聚会。我身边也有一群在各个领域很厉害的朋友，我们会每月见一次，不胡吃海塞，不浪费时间，而是彼此交流不同领域的观点和信息，我们分享彼此独立探索后对未来的理解。

而在其他日子里，我们选择不打扰。

我们尊重每个人的独处时间。

[4]

我曾经用漫长的时间去对话孤独,我也曾经有很焦虑不安的日子。

直到后来,我开始享受独处。

身边很多朋友说我变了,变得不合群了,也变得高傲了。

其实并没有。

我只是不想说一些我想不明白的话题,我只是不想在无意义的事情上去耗费脑力。前段时间推荐了米兰·昆德拉的《庆祝无意义》,很多人看不懂,大家以为作者要表达的是无意义的生活状态。

但其实那本书的本质是,如何在无意义的生活状态中,珍惜因为无意义而留给自己的时间,如何在无意义的时代学会独立思考。

信息大爆炸时代对人类智慧进步的最大伤害就是:

大量令你措手不及的信息,引发你本能的恐慌。

一如越买书你越焦虑一样,你本能地去拥抱信息,但发现自己其实不能掌握任何信息。

甚至，这些信息毫无价值。

而独处会让你和这个旋转上升的时代暂时断开联系，从而找回原本自己作为个体的位置。

[5]

位置很重要，高质量的独处就是"找到位置"。

关于位置的第一个要点是：你现在在哪里？

任何人看到的世界，其实都只是冰山一角。

但我们总认为自己看到的世界，就是全部。

独处首先告诉你的就是，你到底在哪里，以及你真的没有想象中的那么重要吗。

当你把手机关了，其实也不会有太多人找你，你以为自己和朋友圈的关系很近，但其实不是，只是你以为自己很近。所以，如果想要独处，那就先关掉手机，试图三个小时不开机，然后寻找自己平常日子里应该做的事。

关于位置的第二点是：你怎么看关联？

当你独处时，你会发现事物的定价权变了。

定价权变了就是这个世界的游戏规则变了。

因为这个时候,你和任何人都没有关联了,谁也不能影响你的判断,也不能影响你的智商。你开始发现,这个商业社会给我们创造了很多不真实的消费需求,其实很多商品都是泡沫,都是吹起来昙花一现的"蛋糕"——嗯,蛋糕,资本市场很热衷的一个词——你突然意识到,这个世界其实是很朴实无华的。

你可以去吃日料河豚宴,你也可以吃白粥就榨菜。

那么问题来了,你到底要什么?

关于位置的第三点是:你在宇宙的哪里?

这其实是你、生命和宇宙三者间的关系。

你是在生活中看日常,在地球上看宇宙,还是站在当下看漫长的人类历史时空?当每个人排队面临最后一扇门——死亡时,你有考虑过自己要如何面对吗?

你会悲伤、欣慰、恐惧、感慨,还是选择逃避?

你现在所认为的快乐,还是真的快乐吗?

你目前所拥有的全部,还是真的存在吗?

当我们站在独立的一个点看浩瀚的宇宙时,星辰大海从来就不是什么文艺的词,而是悲凉凄怆的,在那个瞬间,你会发现生命是浅薄的，你也会明白，芸芸众生，那些短暂的快感是浅薄的，而当你站在这个纬度去看目前所有的事业和商业逻辑时，你会发现，本质如此简单。

然后你开始懂得去伪求真。

这就是独处的力量。独处之后，你看很多事，都更加清楚明了了。

[6]

独处背后的冥想，让你回归宇宙公民的角色。

用罗素的话来说：

"冥想是个好东西，它不仅扩大了我们思想的客体，同时也扩大了我们行为和感情的客体。它让我们不只是属于某个城市、某个国家，而是属于整个宇宙，成为宇宙的公民。在宇宙公民的身份中，就蕴含着将人从奴役和绝望中解放出来的部分。"

这句话怎么理解？

说白了，在你独处时，现实的一切都不能定义你目前的价值、地位、身份，你自有逻辑，而你的身份也就回归到宇宙和人关系的本身。

而所谓高质量的独处，就是：

你开始不自我、不自私、不自负地去理解你和宇宙的关系，通过非我，能将自我的界限无限放大，通过宇宙的浩瀚，那个冥想宇宙的心灵也随之分享了永恒。

那个时候，你会获得宇宙真正要传递给你的信息。你也会屏蔽日常生活里很多的不公平、隐忍和荣辱。

做宇宙公民的"老司机"。

最终，你将更广博地理解这个世界。

最后想说的是：

宇宙从来都没有要求我们要做一个合群的人。与其在平庸无能的日子里等死，不如做一个孤傲独立的思考者。

▼
你的生活取决于你自己

[1]

前段时间回老家,去看望了四爷,从前他就住在我家隔壁,是一位沉默的话不多的可靠男人。说是爷爷,其实和我爸爸年纪差不多大,只是辈分高而已。

村子里的年轻人大多都已经搬出去了,只剩下一些老人和小孩儿,一片凋零景象,但是走到四爷的家里时我仍被深深地触动了。红墙青瓦的老房子还是很精神,院子打扫得干干净净,从前的老杏树依然茂盛,与整个村子的凋零显得格格不入,就如从前四爷会买收音机、会在院子里种花,在整个村子里显得有些另类一样。

那时候经济条件普遍不太好,但是我们姐妹俩特别喜欢去隔壁四爷家玩,在忙得不见天日的我爸妈的对比下,四爷的日子过得特别美好。

他有一台复古收音机,每天中午回家就听到从他家传来歌曲的声音。他家的院子里有一棵巨大的杏树。春天杏花开,时常飘落杏花雨;夏天巨大的杏树投下浓荫;秋天杏子成熟,那香甜的气息常常将整个村子的人都吸引来。

放暑假的时候,和妹妹偷偷借来四爷的收音机,躺在凉席上,听着里面传来港台的音乐,开始向往外面的世界。

那时候,我最羡慕的就是四爷家的小孩,虽然条件不比同村别的孩子好,但是生活得很有味道,总是能见到一些新奇玩意儿。

这告诉我一个道理,即便在同样艰苦的生活条件下,还是有人可以过得开心。

[2]

你是不是觉得有钱了一切都好了,幸福一定会随之而来?其实未必,还是看你是否会经营。

从前采访过一个研究三农问题的专家,他目睹过许多因为拆迁一夜暴富的人。

然而,突然得来的巨额财富,往往会暴露人性里最恶劣的部分。他说,因为拆迁款的分配不均,家里闹矛盾,整日争吵甚至闹离婚的例子数不胜数。

有的人得到拆迁款后,就辞掉工作,在家里吃喝玩乐,甚至染上赌博的坏毛病,不过几年,当年几十万元、几百万元的拆迁款就全赔进去了。一家人只能继续出去打工,然而也丧失了从前兢兢业业、靠自己的双手努力去挣生活的拼劲儿了。

记得曾经看过一部电视剧,里面的女二号家是暴发户,从小父母就经常不在家,衣食住行都是保姆来照顾,保姆也是三天两头地换。

家里总是乱糟糟的,一个很美丽的院子杂草丛生,好好的游泳池长满青苔、水垢,完全感受不到生活气息。生活在这样环境里的女二号无比羡慕父慈子孝、有着幸福家庭的女主。

时隔多年后,住在洁白美丽的现代公寓里的女二号俨然是一个人生赢家,丈夫是知名作家,儿子帅气逼人,然而她却更加不幸福了,在缺失爱的环境里,她的心里空荡得只有钱。

金钱并未让她更幸福,因为她从未得到过足够的爱不管是从父母、丈夫还是儿子那里。

[3]

在我父母所有的亲戚里,我最喜欢我的姨妈。

身为大姐,她个性大气,总是强调"家和万事兴",因此家里的家长里短、兄弟姐妹间的不合从来不会传到她这里来。她的家里总是收拾得干净整齐,一个小院子虽然不大,但是摆满了花草,很温馨。

她做得一手好菜,炒的、蒸的、煮的,每年过年,一大家族的人必定会到我姨妈家聚一聚,吃着姨妈精心准备的美食,聊着天,好像一大家子人经过这顿饭都亲近了很多。

因为姨妈和蔼可亲,家里又有许多好吃的,所以姨妈家也是我们一群晚辈最爱去的地方,我们在那里拥有许多美好的回忆。此后长大成人,每逢回家也必定会去姨妈家看看。

其实姨妈家的经济条件也算不上很好,但是她始终很努力地工作,以前每天早上起很早去卖菜,后来凭着好手艺、好人缘自己开了店，生活渐渐好了起来。

如今60岁的姨妈，儿女双全，子孙绕膝，家庭和睦，安度晚年，在众姐妹中是最幸福的。

看着姨妈这一生，我开始觉得，所谓人气、好运这种东西，是真的可以靠自己经营起来的。过日子最重要的就是精气神，努力、勤奋和拥有一种相信付出就有回报的信念。

会生活，穷日子也能过富，生活也会越来越好。

[4]

林语堂在《人生不过如此》中写道："我们最重要的不是去计较真与伪，得与失，名与利，贵与贱，富与贫，而是如何好好地快乐度日，并从中发现生活的诗意。"

生活才是一个人的全部。

总有人说，只要有钱了，我一定能过得很好。

的确，生活里的许多问题和麻烦可以用钱解决，比如生病，比如贵的、好的东西，更好的教育和旅游。然而并不意味着，当我们没有那么多金钱的时候就不应该好好经营我们的生活。

一直很喜欢李荣浩的歌和他的歌里传达的生活态度——

爽朗、从容。

"有几片云的天空，除了感动还有微风。前面阳光正面照过来，眼睛也不愿意睁开，一生无非几个欢笑悲哀和爱你的女孩。目前最有趣的等待是未来。"

比起埋头苦干、刻苦钻研、爬向山顶，我更欣赏的是，在爬山的过程中，看看风景，适当给自己一些奖赏，既有生活的样子，又可愉快地去往目的地。

始终觉得，生命是一场充满欢笑、悲伤的有趣过程，而非一场结局已定的比赛。我决定带着玩味的心去面对生活里的未知，而非忐忑中追求既定的结果。

带着希望，带着信念，好好去经营自己的生活吧。你的生活是怎样，全在于你自己。

不抱怨：
▶ 你的内心，要承担起生活的重力

GO

当灵魂赤裸在苍凉的天和地，我只有选择坚强来拯救我自己。

▼
因为内心强大,所以无所畏惧

[1]

我曾从朋友那里听过这样一个故事。

我的朋友灿灿是某银行的实习生,工作烦琐,压力又大,每天穿着制服在白炽灯下从早坐到晚,各种郁郁不得志,觉得日复一日的工作也没什么意思。

但有个对公窗口的女客户,给她留下了深刻的印象。

这位女顾客家里有个造纸厂,规模不小,产品远销海内外。银行业务从不假人手,都是自己办理。灿灿她们有时劝她,简单的业务可以网上操作,可是她总说多少年都习惯了,必须"刺啦啦"打在纸上、盖了银行的章,她才信得过。

她年纪大约 60 多岁,在外形上已经完全放弃了自己:半长的灰白头发,总是用一根橡皮筋随意绑在脑后,耳边、额前不时甩出几缕,嘴角的法令纹异常深重,两条八字直延到颌角。坐下来办理业务时,一条腿总是盘到另一条腿上,露出一年四季都穿着的半截灰不灰、红不红的秋裤。大家都不怎么喜欢她,她也绝不是那种讨人喜欢的人。

她话不多,看得出来,她一心扑在了生意上。有几次办业务还和柜员吵过架。最讨厌她的是保洁大姐,据说她每次来时都会吐痰,而且从不用纸包好丢进垃圾桶,而是直接吐到墙角——没错,一个成功的女商人就是这样不拘小节,把痰直接吐在了墙角。

有时我们几个小年轻会在背后揶揄她,说些"有钱又怎样,邋遢成这个样子,不像个女人"之类的风凉话。

[2]

那天,她突然要调取公司 6 年前的银行流水。

要知道,那时候的流水都是打印在纸质凭证上放在档案库的,不像现在,键盘一敲,所有的信息自动搜索、匹配。

银行主管面露难色,跟她解释这是巨大的工作量,需要几个人在库房里至少一周才能完成。

那是她第一次面带笑容跟灿灿她们讲话,不是那种绽开满脸的笑,也不是客气请求的笑,而是一种轻轻淡淡的,从脑门开始向下展开的笑,像扔一颗石子进水塘,一圈一圈向外围扩散。

她很平静地说:"我老公在外面有女人了,30多岁,抱着孩子找上门来了,离婚分财产,我得拿银行流水打官司。"说完,她习惯性地转身朝墙角吐了口痰。

这家银行网点从主管到柜员都是女员工,听闻这个原因,大家也没有什么可抱怨的,立即忙活起来。整整一个星期,终于把凭证找全,足足有柜台那么高。

那一周里,她每天都会去银行,还会带一个会计小姑娘。她一本一本查账,一边给小姑娘讲每笔流水的来龙去脉,一边指挥小姑娘做记录。

大家都很惊讶,工作状态中的她与平时的她判若两人:她戴着眼镜,十分专注,记得每一笔账目背后的故事。

"这笔5万的是甲供货商供次品那次,合作了7年,再也不进他们的货了。"

"这笔 12 万的是乙客户,是和我们做的第一笔生意,当年为了跟他们做成生意,我每天去找他们老板,三个月才拿下。"

……

小姑娘不住地点头,眼里全是对前辈的敬仰。她面对员工时也特别有耐心,不急不躁,分享着公司经营的点点滴滴。小姑娘有几次犯了错,她一眼挑出,心思实在缜密。

[3]

这场离婚战争并没有旷日持久,大约一个月后,她就带着新的营业执照来变更法人了,之前老公的名字换成了她的名字。

她可能觉得那段时间灿灿她们帮她找资料很烦琐,有些过意不去,便给她们带了一大盒进口樱桃,我也借了灿灿的光有幸品尝。那樱桃真好吃,个头儿有草莓那么大,紫红色泛着亮光,汁水甘甜。

灿灿跟我说:"这一盒樱桃的钱够买一支大牌口红了。"我突然很不合时宜地想:她要是涂点口红,人看起来会精神很多。然而马上打断自己,不禁笑自己,又在用自己的世界观去评价别人。

在我那狭小的世界里，不懂打扮、不会撒娇、不习惯打喷嚏时优雅地用纸巾捂住嘴的女人都是不上档次、缺乏修养的。那时的我多么肤浅，背着攒了很久的钱才买得起的包包，却背不起一点点委屈；脸上擦了化妆品，却藏不住心底的不得志；行立坐卧必注意仪态，却在遇到困难时不敢挺身面对，窝在家里哭。

相较于这位大姐，我实在汗颜。

[4]

很奇怪，在对她的各种态度和看法里，我发现，竟然没有"怜悯"。

有"被抛弃的老女人"这样的定语，不是最该被怜悯的人吗？

不，不是这样。

她沉着、坚毅，一子一女还在国外读书，家庭变故不能影响了他们的生活，更不能因此影响了对他们的教养。多年商场打拼，她见惯了大风大浪，早已练就金刚之身。

她一定很痛苦。共同生活了几十年的枕边人，突然背叛，拳拳到肉，痛苦里还杂着屈辱、仇恨等错综复杂的情感。

可是，她不会像小姑娘一样整日以泪洗面，说什么"男人没一个好东西"之类的废话；她也不会像祥林嫂一样逢人诉苦，陷在永久的悲情中。

她像一座石碾子，那些坚硬的谷物既是养分也是苦难，她就那样一圈圈重重地、缓缓地碾过它们，把它们碾成细碎的、充满粮食芬芳的——人生。

故事到此结束。

她离婚后并没有变美，一点儿也没有，还是一如既往的不修边幅。至少一直到灿灿辞职时，她都没有变美的迹象。离开银行后，灿灿再也没有见过她，不知道后事如何。

可是，我自从听说这个故事后便奉她为精神偶像。

女人的励志故事，不是惨遭抛弃后重拾事业、化妆美容、减肥健身……而是仿佛这个男人带给她的伤害，像一阵微风吹过浩瀚的大海，没有惊涛骇浪，只有水面的几道波纹。

想翻腾她的人生，你还不够资格。

学会坚强,你不是弱不胜衣

生活中我们总会遇到各种各样的挫折。面对挫折,我们的选择将决定自己的命运。

在菲律宾西部海岸,每年秋天都能看到这样一个壮观的场面:海面上黑压压地飞来一片云,飞近了才知道是南迁的燕子。它们欢快地鸣叫着,慢慢靠近海岸,但是人们惊奇地看到,一旦降落在海岸和沙滩上,许多燕子都飞不起来了,永远地闭上了眼睛。遥远的路途飞完了,没有死于皑皑雪峰,没有死于茫茫大海,没有死于暴风骤雨,却死于那细软的沙滩上。

为什么会发生这样的悲剧?如果沙滩再远两三千米,这些燕子难道就飞不到吗？如果雅典再远三五十米，难道传达消息的菲迪皮茨就坚持不住吗？他们一定能坚持下去，一定会到达目的地。悲剧发生的原因恰恰是因为目的地到达了，支持他们的信念突然消失了，意志瞬间松懈，身体也随之极度衰弱，于是生命之灯熄灭了。

软弱是人与生俱来的特质，人类在大自然面前太渺小，渺小得微不足道。但从最初的蒙昧无知到逐渐成熟，人类一步步实现了自己的理想，创建了自己的家园。这得益于我们后天学会的坚强。

成功之路上总是布满荆棘，但正因其险恶，才有别处看不到的风光。

在《时间简史》一书的开头，霍金指出："有人告诉我，我在书中每写一个方程式，都将使销量减半，于是我决定不写什么方程式。不过在书的末尾，我还是写进了一个方程式——爱因斯坦的著名方程 $E=MC^2$。我希望此举不至于吓跑一半我的潜在读者。"

霍金多虑了。

他的名字被越来越多的人熟知，虽然他研究的学科只有极少数人能理解。

他被誉为继爱因斯坦之后世界上最著名的科学思想家和最杰出的理论物理学家。

而他却被禁锢在轮椅上长达 20 年之久。他不能写，甚至口齿不清。虽然他那么无助地坐在轮椅上，但他的思想却神奇地遨游在广袤的时空中。

他是一个坐着轮椅的残疾人，他也是挑战命运的勇士。

陈丹燕在《上海的金枝玉叶》里写到一位富家小姐——上海永安公司老板的千金。她从小锦衣玉食，后来却沦落到下乡挎鱼篓、清粪桶。多年过去，物是人非，什么都改变了，但是，她竟然还要喝下午茶。家里一贫如洗，烘焙蛋糕的电烤炉早已不见了踪影。怎么办？她自己动手，用仅有的一只铝锅，在煤炉上烘烤，在没有温度控制的条件下，巧手烘烤出西式蛋糕。就这样，悠悠几十年，她雷打不动地喝着下午茶，吃着自制蛋糕，怡然自得，浑然忘记身处逆境，安然地享受着残余的幸福。

这是一种生活态度，淡定而从容。生活就是这个样子，悲也好，喜也好，你都要面对。等有一天你回首，会发现那正是你人生的亮点。陪伴你走过来的不是金钱与容貌，而是你那颗坚强的心。

苦痛算什么，我们要学会面对、学会忍受。只要不失去自强不息的勇气，我们就可以战胜一切。

我一直很喜欢一首歌词：

"当灵魂迷失在苍凉的天和地/还有最后的坚强在支撑我身体/当灵魂赤裸在苍凉的天和地/我只有选择坚强来拯救我自己。"

▼ 世事本不易,难道你都要逃避

大伯年轻的时候,未过世的奶奶给他找了一份在陶瓷厂的工作,工作虽然辛苦,却还算稳定。他做了一段日子后,却辞职了,亲戚朋友问起来,他只是说:"我和那些工友相处不来。"

在做了很长一段时间的无业游民之后,大伯又开始倒腾起古董。他每次来家里,都会向我爸炫耀他新淘来的古董:"三儿(大伯兄弟三个,老爸排行第三),你看我这块石头怎么样?"老爸就说:"哥,你别说没用的。我就问你,300元钱,你能把这块石头卖出去吗?"然后大伯不说话了。

30岁,他结过一次婚,后来老婆出轨,为他留下一个儿子就和他离婚了。此后他就一直单身。周围的人都劝他："再找个人吧，这样也不是个事。"他一直找借口敷衍过去，说"等儿子大点儿""等儿子上了大学""等儿子结婚之后吧"。现在他已经有了快两岁的孙女了，却还是孤孤单单的一个人，住在我奶奶过世之后的房子里。

家庭聚会的时候，大伯不常说话，偶尔说几句没营养的奉承话，也没人认真听。于是在没人理他的时候，我都会冲他笑笑，然后耐心听他说一些没什么实际意义的话。然而我一认真听，他倒是变得手足无措了，上一句是"囡囡，你要听父母的话呀"，然后闭上眼睛，似乎是在认真思考下一句该怎么说。再睁开眼睛的时候，却只说了前言不搭后语的"好孩子，好孩子"。

另外一个人，是老爸的高中同学 G 叔叔，他每隔一段时间就会来家里串门。在我小的时候，记得他每次来家里都会坐很久。后来才知道，他是在向老爸老妈推销保险。可做了几年，他把周围熟识的同学都拉进去买了保险，自己却做不下去了。后来他转行，卖过二手汽车，做过招商代理，现在，他被同伴忽悠入伙，开始销售起贵得要死的女士内衣和男士内裤。

销量少得可怜。他磨不开面子挨家挨户推销,只能又从老同学们开始了。过年前一个礼拜,他再次拜访,和之前我每一次看到他时一样,永远都是风尘仆仆的样子,那种要使出浑身解数说服别人的决心写在脸上。他一坐下,车轱辘话就像连环炮弹"突突"射出来:"这款磁疗内衣啊,有减肥防癌的功效,你看人家大明星都用这个……"

老爸想要帮他分析现在的市场情况,他只是反复说:"好几个卖这个的人都赚了大钱,这个路子没问题!"只有偶尔响起的电话才能打断他的滔滔不绝,老妈顺势让他喝口水喘口气。

接下来,我们又被迫听他推销了三个小时的磁疗内衣介绍。送走了他,老爸叹了口气:"我啊,现在就怕你G叔叔以后变成你大伯那样。"

他们活得都很辛苦。生活就是一场战争,我敬佩那些在这场战争中挣扎着活下去的人,可不是所有人的挣扎都值得敬佩。

其实,大伯和工友们相处不好只是借口,他辞职只是嫌那份工作太辛苦;辞职之后,他没有找工作,每天抱着侥幸心理做着靠值钱古董一夜暴富的梦;离婚之后,他对婚姻感到失望，他才 30 岁，却在心里杜绝了重新开始的一切可能。

G 叔叔换了那么多的工作，每次都是一遇到问题就推卸责任，推卸不了就干脆撒手不干；他之前做过的任何一行，只要坚持做下去，不半途而废，他的情况绝对会比现在好得多。可是他偏不，原因很简单，因为他想要的只是一条捷径，一种可以让钱来得很快还可以少付出的方法。

他们可怜，却更可悲。因为他们所谓的挣扎，不是迎难而上，而是敷衍逃避；不是脚踏实地，而是投机取巧。习惯了畏葸不前，习惯了人云亦云，本身缺乏对人和事的理性认识，不动脑子，于是精力和时间就在无意义的挣扎中被消耗殆尽。说到底，他们自己都不知道自己真正想要的是什么，要做到什么地步，要达到什么样的目标。

他们只不过迷茫地活着，迷茫地挣扎着。可是，这种挣扎真的有意义吗？

他们只是看上去很挣扎，很痛苦，很心酸，很委屈，看上去被自己渴望得到某些东西的欲望折磨着。而实际上呢？他们根本不舍得为自己的欲望付出代价。自己都不愿去拼尽全力抓住什么的时候，是根本没有资格奢求别人给你什么的，包括鼓励，包括支持，甚至怜悯。

我有一个闺密A，高考发挥失常，考到了一所不好不坏的大学。我去找她，她带着我参观学校，然后带我去了她的宿舍玩。她们宿舍里一共六个姑娘，我进去的时候是周末的上午十一点，除了A，其他的五个女孩都躺在床上，要不就是抱着电脑，要不就是抱着手机。抱着电脑的互相催促："你弄完了没有？""没呢，还差600字！你那个在哪儿找的？"

A偷偷跟我说："这是快要交论文了，正在补呢。不过说是补，还不是这儿抄一点儿那儿抄一点儿。"我有点儿惊讶："老师都不管？"她被我逗笑了："谁管你？都抄，老师也管不过来。"过了十多分钟，姑娘们把论文搞定了，开始舒舒服服地靠在床上看起综艺节目来，时不时爆发出一阵大笑。聊了一会儿天，我想跟A推荐几本书，她看上去没什么兴趣，听着我说了一会儿，然后打开笔记本电脑，笑眯眯地向我建议："我们也来看节目吧。"

这其实就是她们的日常生活。没课的时候，大部分时间就窝在宿舍里，抱着手机和电脑，追韩剧看动漫。我说："这些挺浪费时间的。"她也只是讪笑道："大家现在都这样。"

后来有一次，和A一起吃饭，她告诉我，她不想考研了。她觉得就算研究生毕业了，一样不好找工作，倒不如本科毕业就开始找，还不用浪费那个时间。如果可以，她想考公务员。我说："公务员比研究生还难考。对了，你之前不是还跟我说想考会计证吗？怎么样？"她摇摇头："那个太难考了。"

我只能换了一个问："你说特别想考的导游证呢？上次我不是说了，虽然阿姨不同意，可是也可以试一试。"她摇摇头："导游证也太难考啊。"然后她告诉我，她的很多同学和她一样，对未来感到十分迷茫。然后她又说："我很羡慕你，你那边本硕连读，成绩又好，根本不用担心这些。"

我只能苦笑。她不知道我在那边一篇论文要改二十遍以上；课余时间我都拿来读课内或是课外的原版书籍；或者看美剧听BBC练听力；每天早上六点起床跑步；每周三次游泳；坚持自学小语种……这些我没跟她说过。

当我们在羡慕别人的时候，不如问问自己：和别人相比，我们为了拥有这些，真的有付出过什么吗？或者说，真的舍得付出吗？要知道，这个世界上，做什么都很难，也根本没有所谓的捷径。

如果你明确了特别想要一些东西，不如再问问自己：我凭什么得到它？我想得到爱情，却没有放低身段去追逐一段爱情的勇气，那么我凭什么拥有它？我想要在这一行赚很多钱，却没有用心做好它并且坚持到底的觉悟，反而是遇到困难就逃避，那么我凭什么拥有它？我想要在同龄人之中脱颖而出，却没有比别人付出更多努力的决心，那么我凭什么拥有它？

没有投机取巧，没有急功近利，只能一步一个脚印，稳妥踏实地往前走。遇到困难没有害怕，遇到打击没有后退，咬着牙为了自己的所求而坚持下去，有决心，也有毅力。

很多人总说自己很努力了，这样就可以得到其他人的一句"算了，他已经很努力了"的评价。而那所谓的努力，是成功之后回顾往事的感慨，绝对不是失败之后自欺欺人的借口。

最后，愿我们都拥有为所求付出一切的觉悟，毫不吝啬，脚踏实地，最终如愿以偿。

▼ 别总留恋往事,现在的你属于远方

你要做一个不动声色的大人了。不准情绪化,不准偷偷想念,不准回头看,去过自己另外的生活。

——村上春树

在《新世相》里看到村上春树的这句话,不是简单的喜欢,而是太符合自己当下的一个状态。从入冬开始,我就期盼一场漫天大雪。湮灭过去,也湮灭回忆。后来雪终于下了,整座城市变成一幅美丽的图画,我沿着长长的河堤,看天地间一片银白世界,那一天,我入了画……

踏着雪没走回到过去,反而越走越远,白发苍苍……

我们都没有长大,只是被岁月逼得苍老了,你们都还

好吗？

立春之后，风开始柔和起来，绵绵细雨打湿了二月的锋芒，窗下托腮的人眼里有几分茫然，陌上老草生嫩芽，唇上桃花，一句诗在心中酝酿，含苞待放。

老九订婚了，秀出美丽的婚戒。她说："跟他在一起，很平淡，很寻常，不讨厌，跟我们过日子的人不一定要爱得死去活来，只要不讨厌，不反感。"虽然说得很现实很残忍，但这或许就是大多数人的事实吧！老九的这段话像是心结打开之后的释然，但也仿佛是对无奈现实的妥协，不管怎样，回归生活的女子都带着一种叫"踏实"的美。

我们都是善良的女子，心里有座城，城里住着我们理想中的人，总觉得有一天，他会突然出现在自己面前，怦然心动，春暖花开。我们都是肩上有着不可抗拒的责任，容不得任性妄为却也不愿意委屈自己的人，常常害怕失落、怕失望、怕辜负、怕被伤害……

曾经牵肠挂肚的那个人，在那个瞬间，乱了我们的心，心存好感，心生向往，又如何？我们身处在这个竞争激烈的社会，选择太多，情意凉薄，或许我们还年轻，抵不过周围人给的压力。爱情是两个人的事，婚姻却是一大帮人的事。

走过的路，说过的话，都会被时光淹没，人都要朝前走，走着走着柳暗花明，走着走着春暖花开。

明华的小宝宝出生了，真好，为她感到高兴！

那天在公司无意间遇到高中同学，她抱着小儿子拉着大女儿和我说话，我愣了半天才想起来她高中时候的样子。她说："你比以前瘦了。"是啊，花开花谢里很多年已经过去了，我不再是那个小脸肥嘟嘟的女生，瘦了很多，也已不再年轻！

长大了，想得更多了。新年过后，很多人离开家乡去远方漂泊，而回到小城的我也免不了要被工作约束，很少写字，常看的不再是散文，而是专业书籍，我不确定这所有的选择是对还是错，但只能硬着头皮往前走，人生啊，无奈的何止这些！

最喜相聚伤别离，每一次离家无论远近，都不喜被人送。这条路从土路到柏油路，它见证着这里的改变也随着这里而改变，立春后的土地是松软的，路两旁是绿油油的麦田、油菜地，电线上的鸟儿，还有那暖暖的风……耳机里传来的是熟悉的歌曲，走着走着我会回头看身后走过的路，弯弯曲曲的尽头是安静的村庄，还有沉默的土地和夕阳，夕阳的光让心底柔柔的，我的心里也一直有一幅画面：夕阳西下，一条路,一个人,不急不躁地慢慢走……

在刚离开北京不到一个月的时候,海风哥就去创业了。我一直觉得他是一个有梦想的人,敢于去做心中所想。如今他的签售会就要开始了,可惜我无法前往现场,只能为他遥寄祝福了!

曾经的我不喜欢北京,可是后来这座城市却深深地住进了我的心里。有些时候我宁愿忙得充实也不愿意闲散地过日子,也许这就是我喜欢北京的原因吧!

这里的春天没有很多花,看不到很多白玉兰、二月兰,找不到几棵发芽的银杏,海棠花、樱花更是无处可觅,可怜天为谁春?我坐在人堆里,听他们话家常,牵挂北上的他,想念南下的她,从此,我被留下,唯有那一缕风还在吹呀吹呀……

岁月如此荒唐,任谁能够无恙,但这世界依然值得去爱,不敢奢望太多,只希望清水池塘处处蛙,房前屋后开满花!"不准情绪化,不准偷偷想念,不准回头看,去过自己另外的生活"!

不放弃：
▶ 你的坚持，终将成为美好的记忆

不停奔跑，无论是否看到希望的曙光，心中的启明灯都在隐隐发光。

▼
生活不是童话故事,努力才能换来希冀

生活不是童话故事,太梦幻的日子并不适合你。我特别喜欢你低下头认真做事的样子。

——致每一个努力生活的女孩子

那一天,我记得特别清楚。阴天,下着大雨,我穿着单薄的小西装外套,脚踩八厘米的高跟鞋,在繁华的街道上逆着风艰难步行。冷冰冰的雨水打在脸和衣服上,有种刺骨的寒意。

一个人在风中踽踽独行,却只换来了一场姗姗来迟,又草草结束的面试。

认真用心地准备一场面试,按约定的时间抵达用人单位,

结果对方主管说放你鸽子就放你鸽子，连一个解释都没有，让公司里的一个文职人员敷衍地走了个过场，那种感觉真的挺伤自尊的。

在回去的路上，走到十字路口等绿灯，被从身旁疾驰而过的汽车溅了一身泥水，躲闪不及之余还崴到了脚。

走在天桥上，目光掠过那川流不息的车流，陡然生出几分被世界遗弃的苍凉感。

看见不远处满载乘客飘然而去的公交车的背影，我知道，我只能等下一班公交车了。

雨天出租车更加难打，即使好打，我也舍不得花那个钱。找人来接吗？找谁呢？况且，天很冷，那里离目的地又很远，而我又一向不喜欢麻烦别人，最怕欠别人人情，能够自己搞定的事情，绝不会麻烦别人伸一根手指头。

还不如等。虽然明知踩着高跟鞋挤公交车是一件很悲催的事情。不是东倒西歪，就是人肉夹馍。于是我忍着脚踝的疼痛，在风雨中瑟瑟发抖地等下一班车。偏巧身旁站着一对情侣，旁若无人地卿卿我我，甜腻得不得了。我很识相地离他们远一点儿，再远一点儿，很努力地减少存在感。

也许是我巨蟹座的神经过于敏感脆弱，又或者是冰雨冷风的情境渲染，一时之间，我忽然想起了很多人和事：家人、梦想、曾经喜欢过的人、最想要做的事、最想要去的地方……

想着想着我就明白了很多。姑娘，你要努力，如果你不努力，你想指望什么？你能指望什么？！

是你觉得自己够聪明、够漂亮，或者既聪明又漂亮？

是你家里有显赫的家世背景、足够的金钱？

还是说，你有偶像剧女主的主角光环，恰巧有一个既死心塌地又心甘情愿地养你的男朋友？即使他愿意养你，你敢让他养吗？你就不怕，哪一天你们吵架，他冷不丁地冒出一句：你连人都是我养的，有什么资格跟我吵？你就不怕，哪一天，他累了倦了，嫌弃你不独立、不干练、没主见？

姑娘，你要努力。如果你不努力，你想指望什么？

指望在你困窘落魄到没钱吃饭的时候，会有一个男人出现，温柔地牵着你的手去共进晚餐，还是他为你亲自下厨，棱角分明的轮廓经灯光投下一个好看的剪影？

指望在你被高跟鞋折磨到疼得一步都不想走，恨不得把鞋子扔掉赤脚走回家的时候，有一个人出现，背着你走完这段路，还是他摇下车窗温柔地对你说"上车吧，我送你"？

指望在你遇到困难和挫折的时候，有一个英雄站出来，为你披荆斩棘遮风挡雨？

还是说指望自己刚走出校园就发现，早已经有人为你铺好路、搭好桥，从此一帆风顺，衣食无忧？

姑娘，你今年几岁了？还在做这种王子灰姑娘的白日梦。喜欢看玛丽苏偶像剧不丢人，但活在这样的幻想中却很可怕。生活不是童话故事，当公主或灰姑娘遭遇危难时，总有骑士或王子出现拯救她们。你想太多了，哪里有那么多 happy ending。

我一直记得读中学时在某份报纸上看过的一篇关于郭德纲的文章。

他说："我小时候家里穷，那时候在学校一下雨别的孩子就站在教室里等伞，可我知道我家里没伞啊，所以我就顶着雨往家跑，没伞的孩子你就得拼命奔跑！像我们这样没背景、没家境、没关系、没金钱的，一无所有的人，你还不拼命工作，拼命奔跑吗？"

姑娘，不努力，你想干吗？姑娘，你要认真地工作，你要努力地赚钱。这是为了你自己将来能过更好的生活，也是为了让你的父母在年老体弱没有经济来源时还能够安享晚年；是为了当你有了想要吃的东西、想要穿的衣服、想去旅行的地方时，可以毫不犹豫地为自己潇洒买单；是为了爸妈以后逛超市、商场的时候，能够像小时候舍得为你花钱买东西那样为自己买东西；是为了他们在同街坊邻居、亲戚朋友谈论到你的时候，是一脸自豪或是一脸安详，毕竟，他们已经为了你奔波劳累了大半生，你不该让他们的后半生享点儿清福吗？

姑娘，你要好好照顾自己，好好地爱自己，即使是单身也要活得多姿多彩。你要记住，这辈子，除了父母至亲，你不为任何人而活，你只为你自己而活。你更加要清楚，你对自己的人生负有不可推卸的责任。

姑娘，不要害怕一个人。单身，意味着你还有选择的余地和空间。单身，说明你有足够的耐心和勇气去等待那个值得拥有你的人。不要随随便便一个男人送些礼物、说些甜言蜜语，你就晕头转向、芳心暗许了。你要知道，并不是所有的女孩子都会有好几个备胎，但大部分的男人都会排好几个队。往往对你最穷追不舍的那一个，如果不是出于真心喜欢，那就是你最先给了他可以继续、容易得手的回应。

如果一个男人真心喜欢你，他会选择你喜欢并且接受的方式对待你。同时，他会给你时间做决定，一定会等你。那些在你犹豫要不要接受这段感情时转身离开的人，其实并没有那么喜欢你。

是有那么一部分男人喜欢小鸟依人、柔情似水的女孩子，这无可厚非，毕竟，各花入各眼。但如果你们已经恋爱了，在一起了，他才说，他不喜欢你这样的性格，觉得你好强又独立。那么，很好，你可以立刻让他滚了。小区出门右转，打车，不送。因为他根本一点儿都不了解你。真相不是你好强又独立，而是你非常没有安全感，因为你知道，自己如果不坚强，懦弱给谁看？这个世界上只有两种女孩子，一种是幸福的，一种是坚强的。幸福的一直被捧在手心里，从来就不需要坚强，坚强的那一些，却是不得不坚强。

张爱玲说过："我要你相信，在这个世界上总有一个人在等你，无论在什么时候，无论在什么地方，反正总有这样的一个人。"

你还很年轻，还有大把的青春年华。我不想你现在就将就，委曲求全地跟一个你并不爱的人在一起。那样，对他不公平，对你更不公平，你把仅有一次的人生浪费在不值得的人身上了。我怕你连年轻的时候都不敢大胆地追求心中所爱，等老了，就只能追悔莫及空余恨了。

姑娘，你一定要努力。很快，你最好的年华就会过去。你不指望自己，还想怎样？你问问自己，如果只喜欢当一只单纯无知的小白兔，每天捧着奶茶等人来照顾你，你如何经受得起以后的漫长岁月？你就不担心你天天喝奶茶过完二十岁，等到三四十岁的时候，身上没有任何时光沉淀过的优雅和美丽，脚下只剩一堆脏兮兮的奶茶吸管吗？

姑娘，别做白日梦了。生活不是童话故事，太梦幻的日子并不适合你。我特别喜欢你低下头来认真做事情的样子，认真的女人才是最美丽的。

累一点儿也好，苦一点儿也罢。如果你现在就对自己各种放纵，将来你指望用什么条件来放松？别忘了，你拼不了爹，也拼不了男朋友。你今天付出的所有的努力和辛苦，都是一种沉淀，它们会跟随时间的魔法帮你成为更好的人。现在拼命工作，努力赚钱，是为了以后不再为金钱所累，是为了不让别人有机会用金钱考验自己的本心，是为了将来可以做任何自己想做的事情，去任何自己想去的地方。

姑娘，好好爱你自己，再苦再累，照顾好自己。多疼多累，撑不住的时候大吃一顿、喝点儿小酒，找一两个知己好友，发发牢骚吐吐槽就可以了。要知道感同身受这句话说起来很好听，但真要实践起来却无比艰难。就像富二代和逆袭的草根在一起玩，你羡慕他励志，他却羡慕你有钱。

生活永远在别处。别人的安慰，听到了会心一笑，事后，甩甩头就忘掉。

▼ 别认输,阴影的背后总有阳光

人生就像一叶扁舟,在苍茫无际的大海上航行,不同的历程创造出不同的硕果。扬帆远航吧!去寻找我们自己的幸福!

一望无际的大海是我们的征程,或许前方一片昏暗,但是你并不孤单。看吧!狂风为你加油,海浪为你助威,海鸥伴你航行。它们是你的伙伴,磨炼你的意志,坚定你的信念。或许旅途中会有一些暗礁,但是,别退缩,勇敢地战胜困难,超越自我。抓住机会,一跃而过,困难不算什么,但,最重要的是不放弃!只要敢于拼搏,失败也是一种欣慰。

阿林头脑灵活,自小学习成绩就很好。可能也是因为很容易就能取得好成绩,他面对学习时总是带着一种玩世不恭的态度。

初升高的考试阿林通过得很顺利,他以名列前茅的成绩升入了重点高中。和很多刚迈入高中校门的同学一样,阿林也对新的生活充满了向往,希望能以此为起点进入更高更好的殿堂。

但理想与现实总是有差距的。上了高中之后的阿林依然和以往一样,以那种敷衍潦草、马马虎虎的态度对待学习。他上课不认真听讲,作业随便写写,期末考试排名中等,还在扬扬自得,觉得自己随便学学就能学好。

阿林高中一学年的时光就这样浑浑噩噩地过去了。

高一下半学期的期末考试成绩出来时,阿林才猛然从自得中惊醒。年级倒数!阿林看到成绩时简直不敢相信自己的眼睛,怎么成绩这么差?原来不是一直这样吗?朋友察觉到阿林的状态有些不对,便安慰道:"没事的,只不过是场考试,有正数肯定就得有倒数。再说了,咱们是重点学校,即使倒数也比差的学校的学生强。"阿林看了看他,没有说什么,没人知道他在想什么。

自此之后,阿林就像变了一个人,开始变得勤奋无比。无论上课还是课间,无论上学还是放假,他就像着了魔一样拼命学习。每天早上,他总是第一个来到教室;每天晚上,他总是最后一个离开；去食堂吃饭，特意错过高峰，减少等待的时间；就连排个队也要掏出小纸条背一背英语单词。

可他的努力似乎没有丰厚的回报，又一次考试，他的名次虽有提升，但很有限。同学们看到阿林这么努力却没有好成绩，纷纷说道："这么拼还是这样，你就别挣扎了。"阿林也不禁开始怀疑，自己这么努力到底有没有意义？

最终，阿林还是没有放弃。他知道，努力不一定能收到同等的回报，但是不努力就一定不会有回报。就此认输，意味着对命运的妥协、对自己的不信任，最终只能浑浑噩噩地度过一生。于是，他更加拼命了。

高考成绩出来那天，阿林看着分数露出了笑意。

输，并不可怕，失败乃是成功之母，通往成功的路或许充满荆棘，但它不能影响你的信念。或许你受伤了，找不到成功的出口，在黑暗中不住地徘徊、留恋，但别认输，努力寻找方向，重新整顿自己，使自己变得更坚强。要知道，输并不可怕，最可怕的是认输！

扬起自信的风帆，我们青春，我们自信，我们怀揣着一颗热情澎湃的心。不管未来世界如何，都不能泯灭我们上进的心。远航吧，去寻找自己的幸福，不管大风大浪向前闯，别害怕，风轻云淡，努力追求自己的梦想。

人生需要坚持奋斗，需要夜以继日不停地行走，不断地向前奋进，努力、坚定地前进，驾驶着自己的小船，在大海上劈波斩浪，在爱的港湾里留下串串希望，在茫茫的大雾中翱翔，享受着与生活战斗带来的美好，像高尔基的海燕一样，大声地呼喊：让暴风雨来得更猛烈些吧！

李白的诗中曾说："乘风破浪会有时，直挂云帆济沧海。"别让怯弱否定自己，别让怠懒误了青春。一个人不奋斗不能有所成就，一个国家不奋斗不能立足世界，一个民族不奋斗不能兴盛强大。带上奋斗一起飞翔，因为它，我们拥有了理智之思，才使过去的失误不再重演，才能使过去的成功在人生中继续升华。

不管你是否看到了希望的曙光，心中的启明灯都在隐隐发光。不停地行走，不停地航行，不停地奔跑，一味地幻想终会如泡沫般消散得无影无踪。

别驻足，成功需要不停地追逐；别认输，熬过黑夜才会有日出。阴雨之后才会有彩虹。要记住，成功就在每一个下一步，泪水能书写天下最美的书！

用汗水浇灌生活的硕果，用多彩的知识充实自我，用充实的步伐坚定信念，扬帆远航，创造崭新的明天！

▼ 最能打动人的,是你满脸汗水却仍在坚持奔跑

长到三十几岁,我不得不承认,这世上真的有天才。

小学五年级的时候,我们班转来一个男生,成了我的新同桌,名字叫陈默寒。他的容貌,我早就记不清了。脑海中深深烙印着的是,他有传说中过目不忘的本领。

那时候,语文书上所有的新课文,他只要读一遍,静默几秒,就可以完整地背诵出来。语文老师发现这项技能后,开心得手舞足蹈,一下课就让他去校长那里表演。回来的时候,陈默寒的脸微微泛红,粗声地喘着气,紧张得一直不敢抬头。我悄悄给他递了一张纸条表示祝贺,可他吓得攥在手心里怎么也不敢打开。

然而,陈默寒的成绩并没有好到惊人,所有需要记忆出马的,他都手到擒来,但逻辑思维方面却并不出众。小升初

的时候，我们学校推优，他服从分配去了一所不算太拔尖的中学，之后便没了他的消息。后来，有人遗憾地说，陈默寒已经泯然众人了。

第二个天才是我的高中同学薇薇，她不到1.6米，人特别瘦，看上去没什么力气。她从来不参加体育活动，也不健身。高一的第一节体育课，800米摸底。体育老师说，跑个七八成功力就行。一声哨响，薇薇跟匹脱缰的马驹一般，噌地蹿了出去，速度快得让全场人都震惊不已。

她跑到第二圈的时候，我们刚过200米。最后，薇薇以两分三十几秒跑完全程，听说都快到运动员水平了。而我们一众女生还在大汗淋漓地为三分五十秒的及格线努力。

后来，我和薇薇成了好朋友，我非常好奇她小小的身体怎会有如此惊人的能量，也尝试着去探查她的成长过程中有没有什么奇遇。

那时的我，心智比小时候成熟多了，不会再轻易放走近距离研究天才的机会。可是，薇薇的饮食比常人还要少，除了吃虾不吐皮这一点，她普通得不能再普通。

最后，薇薇也没有选择当运动员。听说，后来她去了大国企当会计。如今最风光的时候，就是集团每年的春季运动会。整整十年，她代表财务室出征，包揽了各类跑步项目的第一。

我常常在想，为什么老天爷这么不公平，好像天才总是别人，平凡的总是自己。我也热爱音乐，想要唱出动人的旋律，可我从来就听不准音阶；中考800米体测更是生命中不能承受之重，我捆着沙袋跑了三个月，才刚刚跑进及格线。也就记忆力还马马虎虎，谈不上过目不忘，但瞬间记忆的能力较强。记得上大学考现代文学，我漏看了郁达夫的写作风格，临考前三分钟，补了五大页笔记，最后一道大题居然真的是考这个。我洋洋洒洒侃了一大篇，最后成了我们班的最高分。

这么想来，上天对我也不赖，虽然没有哪一方面技压四方，但好在也没有特别差劲的地方。脑子不算太笨，动作也算敏捷，无风无浪地长大，平凡却也安稳。

我知道，这世上的大多数人都和我一样，羡慕过身边某个光彩照人的偶像，惊讶过班里某个才艺过人的同窗，然后在众人艳羡的神情中搓着衣角，渐渐暗淡了目光。

人的一生会遇到成千上万个人，而我只遇到了两三个天才，我见得更多的是没有惊人天赋只有满腔热血的普通人，他们逆风飞翔，比任何人都勤奋努力。比起那些一登场就雄姿英发、气势磅礴的厉害人物，我更欣赏那些不断努力、坚持到底的普通人。

我们都没有通关秘籍，所以能安心屡战屡败、屡败屡战地生长。少了一些轻而易举的收获和理所当然的成功，人生并不会怎样。

记得有一次去看一位年轻画家的小型画展，她笑靥如花地立在门口和大家攀谈，一个记者模样的人盛赞她的画气韵生动、深刻独到，她本人更是不可多得的天才画家。年轻画家笑了，她说："天才画家？我小时候画画，常常被老师罚站，因为我资质平庸，总是不得要领。后来，我的同桌开始讥讽我、孤立我，让全画室的孩子们一起给我起外号。那时候，我埋怨老天爷，为什么不能多给我一些天赋。"

"后来呢？"众人听得入了迷，急着知道画家命运的转折在何处。

她眯着眼睛说："后来我就告诉自己，日日苦练，勤能补拙。再后来，就像看书一样，书读百遍，其义自现。日夜苦练的我如开了窍一般，终于进入了绘画这座艺术的殿堂，我越画越自如，越画越自信，最后成功地举办了画展。天赋这东西，确实很重要，但它也只是能帮助我们成功得更简便些，并不是人生畅行无阻的直通道。"

天赋就像马路上被别人捧在手中的新年礼物，它们包装精巧、细致美好，但你却偏偏没有得到。与其失望怨怼，不如坦然接受，明明白白地做个普通人，脚踏实地地努力，理所当然地奋斗，安心接受命运给予我们的所有平凡，不靠偶然也不靠侥幸，靠自己来一场漂亮的反击战。

什么能真正地感动我们？不是天才嘴角那一抹迷人微笑，而是你满脸汗水和泪水，却仍然咬着牙奋力地奔跑。

▼ 成功从不属于漫不经心

前一阵儿和大学室友聊天,她给我传了一条微博截图:班草周岩酷酷地站在路边,沈姗姗在身后一手揽着他的脖子,一手亮出结婚证,整个人散发出遮挡不住的甜蜜感。图片下写着"我们"两字,简单而不吝地展示着两人的幸福之态。

我边看边跟室友感慨,时间真不是一般的神奇,居然能让原本尴尬的两个人变成情深义重的一对。大一那年,沈姗姗见到周岩顿时为之倾倒,从此展开狂热追求,然而,周岩并不领这份情。直到我们大学毕业,沈姗姗都没能成功把男神追到手。

如今时隔几年,当我们一众看客都对沈姗姗的单恋不再心存期待时,当事人却突然宣布恋情,并神速结婚,经营起自己的小日子,真是让众人惊掉下巴。我们这群姑娘,七嘴八舌纷纷送上祝福,也免不了一心八卦,追问她是如何扭转乾坤拿下男神的。

"嗨,追到以后并不觉得难,没追上的时候也不难,难的是追的过程,每一步都会蜕层皮。"招架不住的沈姗姗在沉默片刻后说了这么一句话。她的话说完,聊天群里的画风瞬间突变,再没有人调侃她时来运转,也不好意思再八卦细节。这些年我们虽不是时时目睹她每个勇敢示爱的举动,也知道得偿所愿的背后必然是辛苦。毕竟,奇迹从来不会在容易的道路上绽放,我默默在心底为这个姑娘点了个赞。

其实生活中不乏沈姗姗这样的限量版奇迹,只是我们在遇见的时候,常常为表面光鲜的画面愤愤不平,以至于忽略了别人背后的付出。我们看到那个女生不高不瘦不够妖娆,凭什么娶她的男人却是个绝世好老公,而明明你各项硬件指标都高人一等,却总是很难遇上理想的伴侣?生活蚕食着你的青春,摧残着你的耐心,而你的骄傲、坚守和自尊在岁月的面前被撕碎、埋葬、遗忘……你只能看着,却无能为力,暗暗埋怨它偏心。

真相是这样吗？当然不是。活得成功，仅靠兀自埋头努力是远远不够的，你还必须善用你的头脑。你的努力是因为你的选择，你的选择决定你是谁。你的世界因谁而亮，又到底如何能始终坚定不移地保持明亮？显然，答案只有一个，那就是你自己。

我不追星，但是我特别喜爱安妮·海瑟薇。演艺界童星出身的女明星多如牛毛，但是，并不是所有的童星都在成长之后继续璀璨，甚至获得周遭的赞赏。安妮·海瑟薇无疑是幸运的那个，但是她之所以能越走越远，很大程度上得益于她的"聪明"。

一部《公主日记》让18岁的安妮·海瑟薇一度成为最受热捧的新星，大部分人身处盛誉都会选择乘胜追击，然而，安妮·海瑟薇对未来却有不一样的规划。她很快揭掉了《公主日记》里甜美的标签，不断尝试各种不同类型的角色。后来，她又化身为《悲惨世界》里的芳汀，为此，她不惜瘦身成"纸片人"，还剪掉了一头长发。人们觉得安妮·海瑟薇就是"从此以后过上了幸福生活"的公主，她本人却用行动证明自己对这样的故事完全不感兴趣。2011年，她拿下了奥斯卡主持人的工作，这是奥斯卡第一次起用年轻明星当主持。

安妮·海瑟薇的表现惊艳了众人,她谈吐大方、调侃得体,出色地完成了主持工作。

世界并非完全如我们想象,时间在流逝,欲望也随之膨胀,人人期望与众不同,却很少有人能沉淀下来以匠心对待生活。其实生活很敏锐,你是不是诚心待它,它一眼就能分辨出来,只不过有时候它选择装傻跟你一起演。你越浮躁讨巧越想得到,就距离目标越远;你默默振作一声不吭,惊喜就会悄然而至。所以,别去想天上掉馅饼,也别去看别人,我们的幸福取决于我们自己本身的选择和努力。做出了选择但不为之努力,可能会跌至低谷,从此泯然众人;把握住了选择又努力了,就是一次蜕皮后的新生。

也许你正在经历左右为难的选择,也许你正囿于选择后的磨难,可谁敢说这所有看似残酷的更迭,不是你变得越来越好的凭证?从懵懂到睿智,从幼稚到成熟,当干练取代生疏,我们都在自己那条不容易的道路上脚步渐稳。

世上没有漫不经心的成功,每份漫不经心的背后都是深思熟虑的用力。而有些人用力,是用给别人看的;有些人用力,是用给自己看的。

你呢?

不妥协：
▶ 时光正好，愿你不负青春

GO

跟随自己的内心大步往前走，即使走的是弯路，也可以殊途同归。

▼ 把握好今天，着眼于明天

[1]

当我们还小的时候就有这样的幻想：将来能够考上一所大学，拥有一份喜爱的工作，遇见心仪的另一半，给父母买他们没吃过的零食、舍不得买的衣服，从此命运变得与众不同。

每个从穷苦日子走过来的人都对钱有着异常迫切的渴望，因为他最明白，那些在富人眼里不算事的事，对他而言却足以颠覆一生。于是很多穷人拼命地考大学，相信知识改变命运，这应该是一件并不简单但却为数不多的捷径。

以前听父辈们说，穷人的孩子早当家，穷人家的孩子比富人家的孩子更有出息，他们知道自己家境不好，所以会更认真地学习。恰巧当时我们那个小县城 10 年未遇的一个北大生是个家庭贫寒的女孩，这成了这一论点更加有力的佐证。

然而似乎时代变了，网络上流传着"寒门再难出贵子"的言论，富贵人家的孩子从小进行胎教、幼教、私人家教，学习钢琴、绘画、芭蕾，他们甚至不用参加高考就可以被父母送到国外留学，毕业后家里安排他们去自己的公司或者通过庞大的人脉圈介绍一份薪酬丰厚的工作。现在看来，想要突破阶层挤进富裕越来越难。

即使如此，即使再难，人们脱贫的愿望依旧热切，每年背上行李冲到北上广的年轻人只增不减，他们向命运呐喊，虽然困难，但不是不可能。都知道贫穷是可怕的，比穷更可怕的是，穷并堕落着。

[2]

高中毕业后我考上了大学，我的一个同学落榜了。她家里弟弟妹妹多、负担重，所以也就放弃了复读。在我奔向大学的时候，她也坐车离开了家乡去了上海打工。

有一天她给我打电话，她说她到了上海先是当服务员，后来去了酒厂，然后又在电子厂做流水线的工作，一个人在灯红酒绿的上海拿着微不足道的月薪承受着孤独和压力，羡慕出入写字楼的白领，更羡慕年纪轻轻就开着豪车驰骋在马路上的青年，而自己无依无靠地待在不属于自己的繁华的都市。她激动地对我说："为什么命运那么的不公平？"她感觉很累并且看不到方向。

我跟她说："你现在自己能挣钱了，攒点儿钱去学点儿技术吧，学门手艺至少不会那么累了，这样下去毕竟不是长久之计。"

她说自己不是学习的料，从高中就不想学习，只能走一步算一步了吧。

后来听说她从上海回家了，在家里无所事事地待了一年后又无奈地出去打工了。

可是她才20多岁，只要肯做，她的生命还有无限可能，为什么宁愿受累也不去学点儿有用的东西呢？一个人在社会中能够获得怎样的待遇取决于这个人拥有的资源，假如你的资源是权利，那么你在行使权利时获得报酬；假如你的资源是知识，那么你可以运用知识获得财富。如果你没有培养这些资源，就只能用体力来做劳累的工作，而你的资源越丰富所收获的也就更多，所以用挣的钱改善自己是一种很好的投资。

改变自己，你肯定在某一个阶段有过这样的强烈冲动，却因种种诱惑而消失殆尽。

渴望改变自己，却不肯努力，幻想着像"矮矬穷"逆袭为"高富帅"那般，却没有每天两个小时在健身房挥洒汗水的毅力；想要让自己更有内涵，却连一本书也读不下去；想要找一份挣钱的工作，自己却没有拿得出手的技能……很多时候我们的努力仅仅是酒足饭饱后的一时兴起，没过两个星期就被打回原形。

我认识一个人，当他得知从小把他带大的爷爷得了绝症，他痛哭流涕，认识到人生苦短；当他看到父母低三下四地向别人借钱时，他就下定决心洗心革面，于是他删掉了电脑里所有的游戏，每天忙碌着学习。但是在他爷爷去世一个多月后，他又把游戏重新安装了，后来我又听到他亢奋激昂的咆哮："打他，打他，K啊，爆头！"以及他激烈敲打键盘的声音。

我想，生离死别也没能改变一个人，那他是不是无药可救了？为什么世界上的精英或者有钱人总是少数？或许是很多人不适合挤进那个圈子吧，我不得而知。

[3]

我有个从小玩到大的朋友，单亲家庭，和母亲相依为命，他高考完填报志愿的时候问我报什么专业好，我给他说报个自己喜欢的，最好是好就业的专业。但是他的班主任告诉他，他家庭情况不好，外面的房价太高，将来只能回到县城里来就业，县城里没有什么公司也只能考老师，就让他报了他极其不喜欢也不擅长的应用数学专业，理由是数学老师好给学生补课挣钱多些。一向是个乖乖男的他自然听从了老师的建议。

一年后再见到他，他一脸的憔悴，他说自己后悔死了，他对数学没有兴趣，期末考试的时候挂了几门。我说："你的班主任的确说得很现实，但也在你还没步入社会的时候就扼杀了你所有的可能，你为什么就只能回到县城当老师呢？人生还没开始就给它套上了枷锁，不去试怎么知道自己会活成什么样子呢？"

不少小县城的人们认为有编制的公务员才是正经的工作，

其他都是不稳定的。我并不认为事业编不好，如果你热衷于教书育人，热衷于为官从政服务人民，入编不失为极好的选择，但是这不是你逃避现实的后路，不应成为你心中渴望未来却为了安逸而做出的无奈之选。

当你选择稳定和安逸的时候，就会失去机遇和自由，当你不为未来做打算的时候，未来的困境将会打得你措手不及，上帝唯一做过一件公平的事，就是给了你选择自己人生的权利。

选择一条当你清晨醒来就和昨天与众不同的道路，今天所发生的事情无法预测，哪怕惊险重重，或者惊喜连连，而不是一如既往地周而复始。今天睁开眼睛的时候就开始重复昨天的日子，一成不变的生活怎么能带来意想不到的可能？

[4]

我喜欢的一种方式叫作"不鸣则已，一鸣惊人"。我希望你可以用"不鸣则已，一鸣惊人"这种低调的努力来告诉曾经无视你的人，谁才是人生的赢家。你一定要相信苦心人天不负，人生常常是恐惧困难来临前的一段时间，真正面对时也就无所畏惧了，过后回想曾以为过不去的坎也不过如此，所以把握好今天，着眼于明天。

　　不想认命，就去拼命，我始终相信，付出就有收获，或大或小，或迟或早！始终不会辜负你的努力。有一种落差是，你配不上自己的野心，也辜负了所受的苦难！只因你没有坚持自己的信念！每个光彩照人的背后都有一个咬紧牙关奋斗的灵魂！

▼
不逼自己，永远不知道自己有多少潜力

把窗帘拉开看映在玻璃上的影子，也许就能看清你从未见过的自己。

那年立春，天气还透露着些许寒意，我将这理解成冬天离开时留下的眷念，也许从这就可以看出那个北风呼啸的季节是多么深爱我脚下这片热土了。

我不管它们是相爱还是相杀，我只清楚自己兜里的一百元不足以支持我奢侈地生一场病，便赶紧将拉链再往上拉一些。

像所有刚毕业的大学生一样，我处于刚步入社会，并且

正在享受转型阵痛这一尴尬时期，这阵痛几乎打碎了以前对于现在生活的所有幻想。

咖啡、电脑、谈笑之间将所有问题解决，然后悠然自得地享受整个下午的阳光。但事实上，我在试用期的第一天就受到了所有人的围观，于我来说，所有人懒散地在闲聊，穿着随便，仿佛刚从公园晨练完坐在路边喝豆浆、吃油条的大叔大妈。而于他们而言，我可能就是个误闯的迷路者，大家在等我礼貌退出，而我却不知所措地呆立在原地，一时间竟有了与一群人对峙的架势，发现这一点的我局促不安地挪了挪身子，却发现状况并没有改变。

那是我第一天上班，也是从那天开始，我发现命运的列车还是偏离了轨道，我再也控制不了。那一天，我穿着新买的衣服，去库房搬了一天的资料，工作的内容就是：把箱子打开、分类、整理，摆放在它应该在的架子上。我和老同事用了整整一个白天的时间，终于把好几十箱的资料分类整理好，汗流浃背的我看看手机，已经下午六点了，于是便整理衣服，准备回家，却被同事叫住，我看着同事一脸怪异的表情就感觉不妙，果不其然，被告知要将明天要用的资料打印好，交给需要使用的人，并在其他同事下班之后打扫办公室。

我尽量调整自己的语气，然后用疑惑却不失礼貌的口吻询问："咱们公司没有专门负责这些杂事的工作人员吗？"

话一出口，对面的同事就露出了牙，与眉毛、眼睛一起组成了"果然如此"的四个字。

然后，她走过来拍了拍我的肩膀："小姑娘，别惊讶，进了咱们公司，你要慢慢学，咱们都是文案，可是公司里就是没有一个后勤人员，你知道是为什么吗？"

我想我当时的脸色一定很难看，实在是说不出话来，同事很明显也没想得到我的回答，就自顾自地说出了答案："在这里你什么都得干。"然后招呼我，先去吃点儿东西，因为晚上还有的忙。

我当时觉得自己已经懂了同事的话，可是后来才发现，其实那还差得远。

那晚我都不记得是怎么度过的。我们公司的人数虽然不多，但也有几十个人，每个人每天都可能需要用到不同的资料。我们要从浩如烟海的资料库中一点一点筛选出他们可能用到的资料,然后分门别类一一发送给需要的人,并将部分资料打印出来。因为内容太多,我们实在谈不上什么效率,于是,我就开始了人生中第一次的加班,那过程狼狈地让我不想再想起,那感觉却让我记忆犹新,湿透的衬衫紧紧地贴在后背,从大楼里一出来,就能清晰地感受到风的存在。最后,我结束了工作,迷迷糊糊地上了车,我和同事坐在车里,趁着夜色,驶出了这座安静的城市。

在那晚的记忆里,马路上散落着昏黄的光,偶尔会有出租车与我擦身而过,我们的车就像一艘航行在海洋上的船,摇摇晃晃地把我的思维一点点给弄得混乱,我眯着眼,可眼前的一切都有了一种不真实的感觉,直到这种感觉让我觉得自己好像成了这马路上的鬼,才戛然而止,我睡着了……

从那晚以后,我仿佛经历了一次脱胎换骨。一觉醒来,又快到了上班的时间,我们趁着其他同事还未到来之时,将所有物品摆放整齐。然后,我就开始了第一次正式上班的经历。

我现在还庆幸那时是跟同事一起,否则我可能要费好大的勇气才可以。当某位同事拿着一份文件向我要这份报告的相关资料时，我恍惚了一下，手忙脚乱地到处寻找。那一次是我很想从回忆录里删去的黑历史，从对方的一脸笑意中我知道当时的自己一定慌得不行，因为那时我连头发都没有洗。我猜自己的形象一定狼狈不堪，还好对方没有表现出什么厌恶与不耐烦的意思，否则我想那时一定会更加难堪。

有时人就需要逼迫一下自己，若不是确实发生了，我都不知道自己真的有这方面的天赋。只是一个上午，我就把大部分的工作内容烂熟于胸，而工作状况也渐入佳境，不知不觉到了下班时间，经理过来告诉我们今天谈成了一单大生意，我突然觉得有一种成就感，那感觉不同以往，它第一次出现就让我印象深刻，像被鼓舞了一般，以至于回到家中，我倒头就睡了，连个梦都没有。

要说工作后和上学时最大的变化，就是知道了赚钱的难，也知道了大学所学的东西不足以应付社会，反倒学到了许多新本领，其中最大的收获，就是这脸皮实打实的厚了起来。

我的心理素质渐渐强大，基本能做到别人当面骂你，就跟那人骂的不是你似的地步了。同事们惊讶于我的进步，老板欣慰于我的成长，有时候在偷偷骂完娘以后我都会觉得前途一片光明。直到某一天，我和同事在外面出差回来的客车上，同事跟我说："你看外面的柳树都发芽了。"我定睛看去，对啊，不知不觉，又一个春天要来了，而对于这次季节的变化，似乎除了衣服的增减，我也没有什么清晰的感觉了。

而我也没想到，就是这么简单的一句话，让我想了一路，六个小时的车程就在思绪飞扬中渐渐流逝，回到公司，在同事惊讶的目光下，我走进了老板的办公室，在老板惊讶的表情下，我对老板说出了："我要辞职。"

老板让我坐下，要跟我聊聊，我清楚这个程序，为了避免接下来无聊又耗时的你猜我猜游戏，我接过话头，先表达了对于公司和领导培养的感谢，然后又表达了对于同事帮助的感谢，最后，直接对老板说："我在这里学到了很多，做到了很多，经历了很多，这一年的工作是我从来没想过的，我喜欢咱们的公司，喜欢一起工作的大家。但今天我突然觉得，我还年轻，我应该为自己以前的目标闯一闯，哪怕不成功，我也想试试。因为我实在是怕，怕一抬头，十年过去了，那时我再回想起现在会后悔，然后变成一辈子的遗憾。"

老板沉默了好久没说话，许久才叹了口气："你是个好孩子，我原来还以为你是有什么不满意的地方，现在看来，你是真的决定走了。唉，也行啊，年轻人应该闯一闯，以后有什么事可以联系我，能帮忙的我一定帮。"

我站起来，对老板说了谢谢，然后跟同事们告了别，然后在大家的目送中辞了职。

后来朋友聊天时问起我："那天真是为了追什么梦想才辞职的吗？"

我对他点头，朋友明显不信，就转过了话题。而实际上我也不信，但那天真是脱口而出了，这并不什么真情流露，只是漂亮话听多了，自然而然就会说了，现在回想起来，老板说的那些话可能是真的吗？然后我就想笑，笑自己这么久了还这么蠢，我觉得那天的情形用艺术的方式去表现一定是两个戴着面具的戏子在互相飙戏，配合的效果却异常的好，老板通过对我富有人情味的表态，巩固了公司的人心和凝聚力；我通过配合，获得了被压的那半个月的工资，成了一个双赢的局面，结果堪称完美。

也是从那以后,我清楚地发现自己变了,并非变质,而是在思想中又多出了一个灵魂,我不知道她从何而来,但我知道,她就是我,只是平时看不见,而当我开始照一面名为社会的镜子时,她就会清晰地映在镜子上,一切都游刃有余。

▼
成功没有捷径,唯有与困难死磕

[1]

朋友报了个健身私教班,一个月腰围减了7厘米,我们决定跟她一起去见识一下。

我们这些人,都是"先吃吃吃、然后减减减"培训班的常客,管不住嘴,迈不开腿,偶尔发奋健身三个月,腰细了,腿有劲了,Angelababy(杨颖)同款连衣裙可以穿了,优雅绑带高跟鞋也能驾驭了,然而胡吃海喝两星期,一夜回到"解放"前。

健身是最残酷的事业,想要减肥不反弹,挨饿就不能间断。

可是，人的天性中就有爱幻想的基因。所以昨天，我们跟她去了私教的健身房，却收获了满满的失望。

本来以为教练掌握了独门秘籍，结果发现他只是耿直。只招"听话"的学员：晚上11点之前必须睡觉、低卡低脂饮食、每周至少上三次课并且每次至少两小时。做不到就请回去吧，我教不了你。

当时，我心里的想法是，如果我能做到这些，还干啥要你教？

所以今天早晨七点，我就去健身房打卡了。边走跑步机，边想幸亏没报私教课，跑那么远花那么多钱做的事，跟在家门口健身房一样。

[2]

大家都想做聪明人，不想做笨人，但只有走了很多弯路以后，才明白原来抵达目标的路只有一条，就是自己之前瞧不上的。

七月，我回老家，清理书架时发现许多高中的英语工具书，包括《中国人的第一本单词书》《单词快速记忆法》《创新方法记单词》《这样记单词最省力》……

百感交集，套用一个时髦的句式是：你看了那么多技巧书，也没有学好英语。

高中时，同桌是英语课代表，我是英语学渣。我总觉得自己英语学得差，是没掌握方法，一定有一本神奇的书，可以开启我的神奇之旅。所以，同桌背单词的时候，我在研究快速记忆法；同桌背课文的时候，我在研究怎么记单词最省力；同桌背句型的时候，我在研究学英语的创新方法。后来，同桌上了北外，我进了大学还是英语学渣。

我曾经认真地跟同桌探讨，到底有没有学外语的捷径。她也认真地回答我："功夫到了，一通百通，可能就是你说的捷径；功夫不到，找捷径是浪费生命。"

最近几年接触不少创业者，基本可以分为两大类。一种善于从最小的事情做起，充满热爱与激情，像养孩子一样养公司；另外一种，善于从信息、人脉做起，每天都在找贵人拉投资，只动嘴、不动手，幻想借别人的力量壮大自己。

他们知道很多高深的商业名词，却忘了一个最简单的道理：只有站在同一水平线的人，才有机会合作。

有些事情，的确有捷径可走，比如餐厅爆满的时候，别人在等位，你眼尖看到一个空位就坐了。这是小聪明，小聪明用在小事上。但凡关系到事业、家庭的大事，想走捷径的，往往走了弯路，绕一圈回来，还得老老实实地以毅力加持天分，用坚持延续好运。

[3]

爱情婚姻中，想走捷径的人更多。以为找一个合适的人就可以一劳永逸，结果不出三年，对方就从合适的人变成了渣男。

嫁给谁，是爱情的终点，却是婚姻的起点，这是电影前传与续集的关系，第一部得了奥斯卡，不代表第二部不会口碑扑街。

结婚变得越来越难，同样与太多人想走捷径有关。结婚前千挑万选，有时候难免挑花眼或者越挑胆子越小、顾虑越多。结婚这件事，不是把人选对了，从此王子公主就过上了幸福的生活，而是无论这个精心选择的人，当初满意度有多高，结婚后依然要面临经营与磨合的问题。

每一个幸福的家庭都是相似的，双方彼此坦诚、包容、赞美，善于学习、反思，不断刷新自己对于婚姻的认知，坚持去爱，努力去爱，不管能不能白头偕老，都要有白头偕老的决心……

[4]

幸福的婚姻三分天注定，七分靠经营，无论你遇到谁，都没有捷径可走。

相信捷径可以通往成功的人，失败的时候，经常叹息运气太差。可是，生活不是博彩，每一个好运的人，都是在简单的道路上，坚持前行的人。

如果你自认为聪明、努力，却经常被生活打脸，给你条建议：

你可以"不走寻常路"，但只有不寻常的努力，才配得上不寻常的创意。

没有一种答案可以解决所有问题。生命是一个积累问题、解决问题的过程，在这个复杂而庞大的体系中，寻找总开关注定徒劳无益。无论你多牛，生活在你面前依然是一团乱麻，你要有足够的能力、耐心、技巧，一一解锁。然后，调整表情，露出白牙，迎接下一团乱麻。

你与传奇之间,隔的不是运气而是坚持。把一件简单的事做到100分,一次是小事,100次就是大事,1000次可能就是传奇。你看到的是别人的第1000次,所以误解有一条路,能从零直接跨越到1000,大部分传奇就是这么来的。

▼
专注是人生的必要条件

今天一天，我都在和自己相处，任何工作事宜都没处理。在这一天的相处时间里，我系统地看了一个我喜欢的公众号里这一年所有的文章。

每一篇，我都用心读了很多遍，读到自己快背下来了。后来放下 Kindle，仔细想想我最近的经历与收获，给朋友发了一条微信：浮躁的世界，我们都欠自己一个专注。

以前，我对"停下来，等等你的灵魂"这种话特别不以为然，活着不就是为了勇猛精进，哪有什么停下来等待灵魂的时间。但这天，在我系统专注地看了十几篇文章后，隐隐约约感受到我的身后有个叫"灵魂"的人一直在拼命地追我。

于是我停下来等了这个人,她缓缓地在我耳边轻声细语道:"你在追求的一些东西不是你真心想要的,你的生活混杂着虚荣、金钱、成功等物质。"我回了句:"是,你说得对。"

互联网创业家伊光旭分享说,他对于朋友圈推荐的文章,先去收藏,大概扫一下就存到微信的收藏夹。两个星期之后,他觉得这个文章牛,他再看。其实,你会发现当初头脑发热收藏的好文章80%都是无意义、无价值、观点经不住推敲的。一篇文章有没有价值,你可以回头看看。

这和我们的人生路很相似,你做的事情有没有意义,你也可以回头看看。哪些事情让你记忆犹新,哪些事情教会你成长,你回想自己每周的工作内容和生活记录就可以知道。你是因为虚荣心而做,还是真的因热爱而专注做的,所有的原因与结果都会一目了然。

此刻,我很想说说昨天下午的手绘课。我期待这个课程很久了,昨天下午终于和老师同学们见面了。这是我们的第一节课程,大家都很期待。刚上课,老师为了了解每位同学的水平,所以在上课的第一个小时安排临摹。我选了一张最喜欢的金鱼,看了几分钟,拿起笔,低下头,开始尝试着画画。

十几分钟后,就听到耳边不断有同学和老师交流的声音,还有同学说自己画完了让老师点评。当然,外界的声音对我没有造成影响,我一直告诉自己:沉下心,慢慢画。等到老师开始讲课,我的金鱼也完工,终于抬起头。

后来,下课期间大家开始互相交流,我才知道,原来很多同学都没有完工,只是简单描了轮廓,只有我,是认真地按照原图的形状一一临摹。同学们都来到我的桌子旁,说我画得很棒,并问我怎么画的。我想了一下,告诉诧异的同学们:"我真的没有画画的天分,我也没有练习过,我只能说自己够专注。"

我去学画画,我很清楚,我没有任何天赋,不是为了开画展,也不是为了当画家,我就是来练习专注。我很想知道,在一个未知的领域,当我付出时间,它会是什么样。

所以,当老师要求我画画时,我不会提问,我想试试专注的我能不能一笔一画地勾勒出事物原本的样子。我就是那种完全沉醉在当下的初学者,不在意好与不好,不在意别人的评价,快乐地徜徉在自我的新世界里。

说起画画的事情,我就回忆起以前的某些时刻,有没有这种专注的快乐。有,但是记忆犹新的大多是看手机时忘记时间的快乐，或者看到震撼内容后泛起的一丝激动。然后，放下手机，一切照旧。我深刻地知道，朋友圈很精彩，大家每天都在以不同的形式讲述自己的故事，这故事到底是专注而成还是包装而成，我们无从知晓。生活在信息爆炸的时代，我真的不知道是幸运还是灾难。

最近，我时常被微信群困扰。真的，太多微信群，太多强压的需要浏览的信息，我会发觉好久没认真看看自己了。今天，公司一位高层 leader 建立了一个文案天团群，邀请各路爱写作的人一起碰撞出一些有趣的文案。

如果是以前，不放弃任何一次学习机会的我肯定会高兴地交一份自己的文章与自我介绍，然后祈祷自己能进群。现在，我不会这么做了。我很清楚，文案想写得好，首先要靠高质量的输入，而不是认识一群大咖在微信群里探讨。

包括以前，我很想学习某一个领域的知识，我首先想到的是如何找到这个领域的专家，并向他学习。接着，我开始搜相关的社区、QQ 群以及微信群，期待能加入他们，与这个行业最顶尖的人对话。

这个思路没有错，但是我现在不会这么做了。因为我发现，我加的文案群、运营群，大家很少聊文案、运营，更多的是闲聊。我加的跑步群，我也看不到大家的打卡。我的工作群，发了很多要思考的问题，却总是在几个小时的头脑风暴后无果而终。

无论何时，十年如一日的专注都是人生的必要条件。真正的智慧与假的智慧是当你走到人群，一开口就能分辨出来的。我们在提醒自己不要欺瞒别人时，却时常忘记提醒自己别欺骗自己。

心之所向,即行之所往

[1]

"不要问我在哪里,在做什么,每天都是四点一线。"

看到叶老师发的朋友圈,配的 4 张图片分别是宿舍、食堂、教室、图书馆,这四点一线的生活,简直是读研的标配。

坦白地说,看到他在朋友圈晒出录取通知书的时候,着实惊呆了一众小伙伴。记得刚认识的时候,他是我们城里最有名的一所中学的体育老师。而在我的印象里,体育老师几乎就是"闲职"的代名词,不信你回想一下那些年上过的体育课就明白了。

大学毕业那会儿，不少同学都选择读研，一类纯粹是为了追求学术研究的，另一类是为了以后更好地就业的。这些我都能理解，但作为一个工作了好几年的体育老师，突然跑去读研，这就令我十分费解了。

一个偶然的机会，我们就"为什么要读研"这个话题进行了深入的探讨。他的想法是，按部就班地生活很容易磨灭掉内心的斗志，不如趁着还没成家立业，去做点儿有意义的事，为平淡的生活增加一些意外的惊喜。

就为了不至于在平凡的岗位上碌碌无为，他在授课之余重新拿起了课本，整整复习了半年，最后如愿考上了研究生。

我问他复习的这半年是怎么熬过来的。他笑得一脸轻松，说："就这样呗。"

从他的笑容里，我似乎明白了。读研就好比一把钥匙，开启无法想象的世界大门。走在人生的路口，面前有两条路，一条是一眼就望得到尽头的，另一条是深不可见却闪着一丝光芒的。我想若是我，也会被这光芒所吸引，并义无反顾地踏上去。

[2]

月初的时候，我约了一位时隔6年未曾谋面的校友见面。

喝着下午茶的时候，聊起工作近况，她带点儿调侃意味地说自己早就失业了。正当我的脑回路还没反应过来的时候，她又继续解释道，工作三年之后她就辞职专心考研，目前已经是一名研究生，下学期读研二，主攻的是国际贸易专业。

想当年在大学的时候，她读的是工商管理专业，平时最热衷的就是跑社团参加活动，每到期末就跑到图书馆临时抱佛脚，完全是那种"分不在高，及格就行"的学生。毕业后，她回了老家深圳。

因为家庭条件不错，在土生土长的一线城市有立足之地，在我的印象里，她一直都是"不为五斗米折腰"的那种幸运儿。此番听说她竟然选择"回炉深造"，而且是读那种颇费脑细胞的经济类学科，真是完全超出了我的想象。

说起缘由，毕业之初她在某家企业任职，因为我们那所大学只属于二本院校，名气也不大，因此在职场里常常属于"弱势群体"，而她的专业知识和专业技能在公司一帮学霸面前也毫无竞争力。于是，经历了三年摸爬滚打的职场炼狱，她深深感觉到自身能力的不足，果断辞职，走上了漫漫的读研之路。

从以前大学时代只会讨论哪个游戏好玩、哪部剧好看、哪种东西好吃的女孩儿，到如今对经济形势、对贸易行业、对学术研究都能侃侃而谈的学霸，我似乎更加直观也更加深刻地明白了"深造"的意义。

记得熊培云在《自由在高处》里有一句话说："当环境给你做减法的时候，你需要给自己做加法。"尤其是，当你的学历和能力没办法支撑你在职场顺利生存的时候，或许，你可以考虑先练好内功，最终实现弯道超车。

正如孟子所言："君子深造之以道，欲其自得之也。自得之，则居之安；居之安，则资之深；资之深，则取之左右逢其源。"

[3]

大学时教《文学概论》的老师是一位女博士，她曾在课堂上给我们讲述读博的经历。当时的我并不能理解，一个已经颇有建树的高校老师，为何还要在刚生完孩子后选择去读博深造。

直到最近与大学时期的班主任久别重逢，聊起这方面的话题，我才更加理解了他们对学术的那种追求。

接管班主任工作的时候，木木老师是刚毕业的研究生，他是那种很勤奋刻苦却又不拘一格的人。在我们学校教了三年的新闻学相关课程之后，他深感自己在这个领域遇到了瓶颈，于是积极谋求突破。

一个年轻的高校老师，要想突破瓶颈，似乎只有继续深造这一条路。于是，他报考了当年华中科技大学的新闻学博士。而最让我佩服的是，备考那段时间，他的孩子正准备出生，面试的时候他又得了肠胃炎，最终却如愿考上。

这次重聚，他已经博士毕业并当了三年的老师。毕业——读研——工作——读博——工作的这一个轮回，虽然最终的落脚地都是为了一份工作，为了一种生活方式，但这个追求学术的过程却让他的精神更加丰沛。我至今仍然记得他说的那句：“既然改变不了环境，那就试着去改变自己。”

《素书》里有一句话说：“君子当潜居抱道，以待其时。”有追求梦想的才能和志向，却没有实现的机会时，就应该"潜居抱道"。但这种"潜居抱道"并不是原地踏步、无所事事，而是要加强自我修养，提升自身能力，不断地积累经验，这样才能在适当的时候厚积薄发。

为什么越来越多的人在工作几年后又选择继续深造？其实，工作与深造，这两者并不矛盾。深造为工作提供了更强大的基础支撑，而工作也更能体现深造的价值。

人的一生需要走许多路，而且这条路多半不会是一马平川。那又如何？只管跟随自己的内心，大步往前走，即使走的是弯路，也相信最终可以殊途同归。

▼
努力着,成长着

努力,汉语释义是把力量尽量使出来。力量使出来,大家都会,但何为尽量呢?

细细读来,"尽量"一词总给人一种不一定行的感觉。

每当我们请求别人帮忙的时候,人家一句"尽量",就能把我们的希望浇得所剩无几。

每当老妈让我赶紧找男朋友的时候,我总是给老妈一个答复:"我正在努力地找着呢。"

然后,我一直在努力着。

看来,有的时候,尽量或者努力是敷衍他人的最好的借口之一。

这几天,我加班加点,累得要死。累到何种程度呢?

下班回家洗个澡,直接睡觉。醒来后,洗洗脸,接着上班。来不及吃饭了,直接在路上买了点儿酥饼,一瓶矿泉水,这就是一天的伙食。

现在想来,我有时候都不知道自己是怎么熬过来的。

我忙吗?真忙!

有意义吗?

意义不大。

我只是在努力地工作,努力地存活。

现实就是这样,不得不如此。

有的时候,我不得不自我嘲弄:你努力的样子,看起来好失败。

人的本能是反感没有价值的活动的,我也反感。

有的时候,上班坐着,就能感觉到疲惫不堪。

在一个岗位上待久了,熟能生巧,基本无方向可研究了。这里所谓的"努力",无非就是做着以前重复的事,过着单调的生活。

我们大多数人都是低品质努力者。

想得少而做得多,做的还都是重复性的动作,一直待在舒适区，成长更是少得可怜，难怪是低品质努力者呢。

真正的努力者，有自己的节奏，知道自己该干什么，何时干什么，将一切规划得井井有条。他们不像我们，不会用努力来麻痹自己，因为他们知道，我们口中所谓的"努力"只是一剂安慰自己的麻药而已。

"我已经很努力了"这句话只能对自己说说而已，只能自我满足、自我欺骗一下，安慰安慰自己失败的心灵。

世上的努力分为两种。

一是清醒的努力；一是不清醒的努力。

清醒的努力和不清醒的努力两者的区别在于，人们是否清晰地知道自己在做什么，是否明白自己想要达到的方向或者目标是什么。

拿我来讲，工作时，我处于一种不清醒的努力。因为我不知道自己的目标是什么，只是为了生活而生活，成长的速度相对而言是比较慢的。

真正的清醒努力者所做的事情一定是为了实现自己心中的目标，他们有着自己的方法，有着自己的节奏，不急不慢，却又比大多数人成长的速度快很多。

所以，我常常佩服那些勇敢跨出第一步的人，那些脱离现实因素、不怕困难、只为心中目标而前行的人。这样的人，无论成功还是失败，都值得我尊重和敬佩，他们具有我身上所没有的勇气。

真正的努力者，不会意识到自己正在努力，他们朝着梦想前行的过程，是富有激情的，是富有状态的。

他们享受那种状态。

因为这已经是他们的本能。

他们会思考如何解决问题，怎样提升效率，聚焦于如何做好事情。

而我们的状态，却还是停留在"做"和"不做"的状态中。在目标的选择上，停留在犹豫徘徊之中，浪费了太多时间。

努力，不是做给别人看的，而是为自己做的。

上学的时候，常常看到那些看起来很努力的同学，学习成绩却不怎么样，看起来不怎么努力的同学，有的时候，学习成绩却是好得出奇。

我们那个时候，把这种现象归结为天赋。

长大后，我才明白，这哪里是笨和聪明的区别呢，只是"努力"的程度还不够高而已。

一个是"要我学习",一个是"我要学习";一个"努力"是被动的,一个"努力"是主动的。效果自然也就不同。

于是,成长的速度便有了快慢之分。

若是,我们成长的速度不尽如人意,却感觉自己已经非常努力了,那么一定不是命运的安排,一定是自身思维的局限性或者是方法的不对导致的结果。

努力是为成长服务的,成长的速度可以衡量努力的效果。

当我们享受努力的过程,朝着目标不断前行时,成长是相对比较快的。

当我们为努力的过程感到痛苦,舍弃了快乐,放弃了享受,忍耐枯燥,身体开始自我反抗,这样成长的速度是相对比较慢的。

我们在努力的过程中,朝着目标前行是享受的状态,那么方法就是对的,若是痛苦的、不堪的、令人不堪回首的,那便是错误的。

你所想要达到的目标是自己喜欢的,是真正的喜欢,而不是社会奖惩体系带给你的目标,那么你努力所做的事情,便是卓有成效的。

让一个不喜欢唱歌的人去唱歌,即使唱得再多也不会唱得多好；让一个不会唱歌但真正喜欢唱歌的人去学习唱歌，那么次数多了，便一定会达到他所想要达到的程度。

一个人成长速度的快慢，在于他是否做着自己内心真正喜欢的事情，和努力的程度并没有太大的关系。

我喜欢写作，那么在创作的过程中，我是顺着内心的呼唤，在慢慢地前行着。尽管我累得如狗一般，尽管我也想看一会儿电视，然而，在我内心之中，我是反对看电视的，因为那样我会觉得自己是在浪费时间。

忙里偷闲，写作思考，这项宏大的使命对我来说更有意义，更有意思。所以，我只能不断地前行。

我在前行的过程中，是享受着的，是在清醒地努力着。所以，无论是看书还是看短文，我都是在为自己的思考而服务。

于是，我在写文章的过程中，文笔在快速地成长着。

努力的目的，在于成长。

努力的方式，却是各不相同。

所以，有的人玩游戏能玩成职业，和人聊天吹牛能聊出商机，陪人看电影能看出灵感，他们的一言一行都是在努力着，都是在为学习而服务的，都是在朝着内心想要的目标而成长。

学习，意味着成长。

人生是一步一个脚印的。朝着目标，做自己内心喜欢做的事，慢慢来，总会实现目标的。

工作太忙的话，那就用业余时间去努力。比如我，下班后，慢慢思考，慢慢写作。

06

不讨好：
▶ 从现在开始，做一个骄傲的自己

GO

你的人生不需要别人的"票选"。

你的人生，你自己决定就好

耶茨有一句话是：过你想过的日子，需要勇气。

其实，许多年里，我都很喜欢看那些职场的电影。

我看过特别多的励志的故事，但我最钦佩的，始终是那种抱定了自己的选择，义无反顾向前冲的人，因为他们始终知道，一个人做一个决定需要勇气，而无论成功还是失败，就都没有那么多遗憾。

大品是我的老大哥了。前段时间，他公司最好的伙伴黄正辞职了，大品很伤心。

伤心是应该的。这是跟了他快 10 年的员工啊，见过他狼狈时吃盒饭的样子，也和他出入过城市最好的酒店，与人谈业务。他们一起在城市的高空放过烟火,那些年,他们都刚来这座城市,大品一直觉得自己的公司是开不下去的,没想到,一下子过了十多年。

黄正打算回老家开一个公司,他说,他的母亲觉得他失去了一份优秀的工作,毕竟一年能得到20万元的工资,在他们老家,可以盖一幢特别好的楼。

而且,离开一个公司,创立一个公司,意味着从今往后,自己就要为所有人打伞,让别人不再淋湿。

黄正也犹豫过,他还是那么纯朴,这个公司对他有恩,所以他不应该走;他的父母又极力反对,他不应该走;连他的妻子都认为,创业未必会真的更好。可论他的能力,创立一家公司绰绰有余。

黄正来找大品,大品说:"不是非得全世界都支持你,你才去选择的。去吧,如果不小心失败了,我的公司随时欢迎你回来。"

你永远都应该知道,今天有多努力,对自己的未来就有多大的期望。许多年来,大品一直说这句话:"什么时候,都把自己想走的路走一走,比若干年后回头看一看更重要。"

大品说完的时候,黄正的眼眶特别红。那一晚,他们抽了很多烟，也喝了很多酒，像是一场巨大的告别和巨大的启程。

大品说，成年人的选择，要简单一点儿。知道自己想要什么，得到自己想要的，为什么要那么多支持呢？

是啊，我们常常犯一个错误，就是让别人"票选自己的人生选择"。明明是自己的人生，却偏偏要那么多支持。好像非得所有人支持了，这个决定才是正确的，值得选择的。

有些时候，深思熟虑的冒险，就是为自己下的最好的赌注，输和赢很重要，但不后悔更重要。

我高中毕业的时候，母亲为了我的志愿，去见过许多长辈，也问过许多人。

虽然那时，我心意已决，告诉她我想读中文。母亲没说什么，父亲也没有，在就业寒冬的时候，他们并不知道学习那些已经认识的字有什么用，在他们看来，学习那些你从来没见过的事物，才是最好的选择。

母亲文化程度不高，所以她去搜罗所有人的智慧，像是一场票决。她记录了满满一大本的内容，她可能自己也没想到，最后并没有什么用。

母亲歪歪扭扭的字，我至今还记得，而那个本子中，所有学科后,都用"正"字记录着。

没有人选择中文,也压根没有人想过,本子上的全都是会计、医生、国贸,还有许多我也忘了。

母亲说:"你看,根本就没有人选择中文,毕业后,你能去哪里?"

她没有想到若干年后,我从一个小小的文案变成了作者,然后在新媒体到来的时候,也依然有人愿意读我的文字。

那一次深夜彻谈,母亲举了很多她所知道的,我也认识的人,因为选错了专业,获得了并不体面的工作。她甚至用一种不知真假的语气,像个优秀的推销员,拼命把由别人选择的、胜出的那些专业推荐给我。

但母亲忘了一件事,是我需要花自己人生中最宝贵的四年,去选择一个未来,而不是别人。

我不胆小,但也会彷徨,一个不到 20 岁,还没有走进社会的孩子,毕竟也会去看看父辈的想法,然后还原在自己身上,当作一场穿越。

那个时候,我的一位老师特别支持我的决定。她好像真的非常关心我,就是那种冥冥之中的缘分。

她说:"你是个大人了,选择你最想走的那条路才是最重要的。"

她没有讲很多故事,只是对我说:"如果有两个目的地,一个是你想到达的,一个是你不想到达的,你会选择哪一个?想到达的,对不对?就算苦一点儿累一点儿,甚至到达不了,也是你想去的远方。"

我点点头。

我那时做了最坏的打算,如果父母一意孤行,我就去借学费。当然,是我多心,我父母不会那么决绝。那些"为了你好"的父母,也真的看不得自己的孩子受苦。

然后,我写下了汉语言文学专业。

这以后的许多年,我做许多决定,都会自己做主,比如和现在的男友在一起,比如那一年突然想去旅行,然后就真的去了。没有那么多艰难险阻,只要自己能够担下所有的一切,就已经足够了。

曾经有一个读者问我一个问题,大致是,他想离开现在的工作,中间说了许多当下工作的烦忧,接着,他说:"但除了我妻子支持,我某个朋友支持,另外所有人都不看好我,你说,我是该离开,还是不离开?"

是的,这是一个40岁读者的问题。

说真的,我不喜欢对别人的人生指手画脚,尤其是让一个 30 岁的女人为一个 40 岁的读者做决定。而字里行间,你可以感受到,他坚决的去意。

我只回答了一句:"你的决定是什么?做就是了。你的选择,为什么要那么多人支持?"

人生活着,不就是为了去过你想过的日子,然后走自己喜欢的路,与喜欢的人靠近,走向自己喜欢的样子。

所有的事本来就都需要代价,而代价就是你能不能做一个你认为正确的决定,你喜欢的决定。

人生又不长,活过了 20 年,再有 3 个 20 年就已经算是高寿了。勇敢地向前走,所有的时间都是你自己的,成年人了,做个选择,别像是一次票选,非得全世界都支持你。

我们自己决定就好、喜欢就好、负责就好。

就真的足够了。

▼
丢了自己，你将不再是你

我大学时候同一宿舍的舍友跟我说："我妈这辈子没什么大出息，就因为我爸对她太好了，她太幸福了。"在这个姐们儿跟我说完此话三年之后，她的父亲不幸去世了。这个世界总是在和女人开各种各样残忍的玩笑，这个事例完全可以证明这一点。

女人的天性注定了在感情里的弱势……如果生下来染色体没有异常，还是一个"女"的属性，那么如果仅仅是凭着感性去走，注定要去寻求一份"安全感"，这个安全感，大多数是要靠男人给的。一个安全的家，一份安全的感情，一个安全的未来，比什么养老保险、失业保险有安全感多了。然后守着这份安全感，老去，然后死亡——这已然是众多女性最幸福的结局了，然而有几个男人肯给她们这样的结局？寥寥无几。

大学舍友父母的事情对我的震撼其实非常大。当时，我甚至怕自己就如同她母亲一样，一辈子被关爱然后突然被上帝无情地褫夺了一切……

巧在彼时，我的男朋友正在从对我很好不可抑制地转向对我很一般……我拿此事激励自己——没准这是上天对我的恩赐呢。

事实证明，是的。伤害就是一种恩赐，这不是鸡汤，这是"赤果果"的事实。

其实我是个很敏感的人，外表越大大咧咧的人，内心往往越敏感。这和装蒜是相同的道理，内里越草包的人，外表越装蒜——人，真是不矛盾不成活。

正是因为敏感，而且是很贱的那种敏感，所以，对我的一分不好，会被我扩大到十分，然后委屈得不行。但时间长了你会发现，其实他对你没有什么不好，只不过是你的期待值太高了，于是对方做的一切，在你眼中都是不及格的。更别说，如果他做的本来就不及格，那么就该是天诛地灭的。

正如我一直说的，一旦自己的幸福寄托在别人对你是 A 还是 B、C、D 上面，人生就再也没有幸福可言。因为不会有人对你永远都是 A，甚至只对你是 A，对别人都是 B、C、D，而且活得比你长。

一旦把自己所有的希望都寄托在别人身上，不管这个人是干爹、老公还是儿子，那么，你就一辈子是别人的奴隶，永远不会是自己的女王。

说到女王，不得不提朱莉几年前的电影《沉睡魔咒》，上映的时候太忙，没来得及去看，到了现在才突然想起来，于是只好在家里抱着手机凑合着就着泡面看。

即使周围充斥着泡面的味道，我的女王看起来也酷极了。剧情不再是老套的王子公主玛丽苏爱情，而是变成了女王复仇记。

哦，我是多么爱"复仇"这两个字。我想每个敏感又厉害的女人都爱这两个字，比如香奈儿女士就说过："我爱黑色，因为黑色可以毁灭一切。"每个女王，都曾经有一颗复仇的心，而复仇的心，多半是因为年轻时太敏感的心受过暴力伤害形成了永不消弭的伤疤吧。

女王被王子割去了翅膀，于是她恶狠狠地去诅咒王子的女儿，并说"唯有真爱之吻"才能唤醒公主，而女王早就知道，这世界上的一切真爱都是镜花水月！

每个女王都相信过真爱，然后发现"相信真爱"是世界上最愚蠢的事情，没有之一！

因为相信真爱，女王被割去了翅膀，因为相信真爱，我们一次又一次地抹着眼泪自疗心伤，因为相信真爱，我们一次次地期待，一次次地失望……

女王和女仆的区别是：女王醒悟了，而女仆没有。

复仇只是手段，而女王复仇的结果必然是：女王释然了，这世界没有什么真爱值得付出，值得付出的只有心的自由。不被爱，亦不被仇恨左右的心智的自由。这才是真正的幸福，这才是女王之所以为女王的意义所在。所以女王的翅膀回来了，转了一圈，她找回了本心，她不再需要复仇，她需要的是做自己，爱自己，顺便爱一下值得爱的人而已。当然了，这不代表她想复仇的时候没有能力复仇，分分钟灭掉你，仍然是女王必备的技能之一。

　　——所以，女王从来都是和自己过日子的，即使她身边有形形色色的男伴，即使她嫁为人妇，然而一个女王的心是不会有男人可以100%理解的，因而女王总是孤独的。然而孤独是美的，孤独会让女王更了解自己，更爱自己，也让爱她的人，更爱她。

▼
全世界只有一个你，何必对他人的人生满怀憧憬

生活中，我们总是因为看到别人身上耀眼的光芒，而忘了自己身上的光亮，在怀疑犹豫中看不清自己曾经认定的前方。

就像会车时，对方开了远光灯，你顿时两眼一抹白，什么也看不清。可是过一会儿，你还是能看到前方的路。这个比喻或许不够恰当，但道理是相通的，当你看到别人锋芒毕露、闪闪发光时，不要妄自菲薄或盲目对比，也许你们走的根本就不是一个方向、一条路。

这时候，你应该做的不是羡慕别人的闪耀，也不是黯然神伤，而是更加用力地看清自己的方向。

[1]

大学的时候,我经常参加朋友所在班级的集体活动,跟很多人也都很熟悉,于是前两天陪朋友来杭州参加了她同学的婚礼暨同学会,顺便也想趁端午假期去看看西湖美景。

同学聚会,一见面总还是要聊聊近况:工作、房子、车子、男朋友、女朋友、结婚、孩子……能聊的都逃不过这些。总不能老聊以前上学那会儿犯傻的事情吧。

琳琳是朋友大学时关系不错的姐们儿,毕业后进入同一家央企,一年后两人又同去北京总部轮岗。在北京轮岗的半年,琳琳抓住机会跳槽到一家金融公司做业务,从此留在北京。而我的朋友提前回来继续待在原公司。两年多过去了,琳琳现在年薪三四十万元,年终奖都是十几万元打底,和我朋友上司的上司相当。现在,琳琳正在相亲,想找个北京的男朋友,打算在好点儿的地段买套60多平方米的房子。

和琳琳聊完,我朋友心中不淡定了,她看到自己和琳琳的工资都不再是一个量级了,觉得自己好穷,还完房贷车贷付完房租就只剩饿不死了。

我说:"这么比有意义吗?一个在北京发展,一个在二线城市，本身工资水平就不同。当初琳琳选择留在北京的时候，你清楚地知道自己要回去走另一条路，现在你有房有车还马上有老公，不是很幸福嘛。一切都在按照你自己的节奏进行着，为什么要因他人发展得更好而郁闷呢？

"你只看到别人年薪三四十万元，但你知道别人为此付出过多少辛劳吗？何况每个人的特质不同，适合的方向和抓得住的机遇也不同。琳琳上大学那会儿就表现出很强的沟通能力，很会人际交往，喜欢涉猎各种文史类学科，所以跟任何人都能聊得来。她能去金融行业做业务，跟这些特质和积累不无关系。而你并不适合做业务。"

所以，当看到别人比自己取得更大成功的时候，你难免会受刺激，但不要一味地羡慕他人、菲薄自己，而是要从中获得启发和鼓舞，更加努力地走好自己的路。要知道，那是你的人生，别人的路再好也未必是你要走的。

[2]

我有个朋友，在一家小有名气的摄影机构做首席摄影师。前段时间无意间看到了一篇关于高中前女友的专访。曾经被甩的一个平凡女生，现在已经成为 3 个月创造 100 多万元销售额的 90 后创业女神，并在很多场合出席演讲，她的服装工作室越做越好，加盟店也在全国各地开花。

为此，我这个朋友心情很低落。想到当初分手的时候，自己踌躇满志，对方苦苦挽留……现如今对方已经取得如此成就，而自己却还是一个小小摄影师。虽然有过无数次创业的想法，却始终未能变成行动。他问我："我是不是也应该出来开个摄影工作室？"

我没有回答他，因为这是他自己的事，想要的答案，他应该比谁都清楚。但我送了他那句话："是继续做摄影师，还是创业开工作室，你要问的不是我，而是你自己的心。无论你得出怎样的答案，只要不是因为他人的成功和光芒刺痛了自己而非要怎样，都好。"

没有谁的人生可以复制，也没有谁的人生只有一个版本。你从别人身上看到了无限可能，你有理由相信自己也无限可能，但未必是和别人一样的可能。找到属于自己的可能才是一切可能的开始。

[3]

如果说上面两个故事多少带点儿负能量,那我表弟的故事就在悲壮中迸发出正能量。

先看看他这一路的坎坷:因为选择了读研,女朋友不愿意等,和他分了手。结果他考研失败,又错过了求职黄金期,找了个普通工作。空窗了两年终于谈了个聊得来的女朋友,但因为在S城没法全款买房(房价太高,不想让父母负担太重),最终分手了。而在此之前,他也因为公司内部变革,把工作辞了。

现在,表弟离开了S城,回了老家,听从家人的安排在当地一家不错的企业上班,一切从头开始。而他从小玩到大,同年毕业的哥们儿已经在S城有房、有车、有女友、有存款了。但表弟说,他不后悔,反而更加坚定了接下来要走的路。

我相信,表弟肯定也因为和哥们儿的巨大差距而失落过,甚至觉得没面子。但在面对各种逆境时,他都遵从自己内心的选择,并坚强踏实地走下去,这点我认为就很了不起。

每个人的人生都有自己的意义。看起来表弟好像比他哥们儿落后了很多,现在什么都没有,还要从头开始。但你能说他考研的经历、恋爱的经历、工作的经历都是浪费吗？表弟家境殷实，一开始不愿意接受家里的安排和帮助，执意要靠自己在 S 城立足，最后虽然结局并不如意，但至少他去试了，如果重来一次，他还是会选择这样走。

人生的路，没有白走的。走之前，谁也不知道对错，也根本没有对错，要不要掉头或转弯，要走下去才知道。

[4]

生活中我们难免会有这样的心理，看到别人在社交平台上的状态更新，越美好心里就越不平静。太过关注别人的动态，会打乱自己的步调，有时被外界刺激，一晚上内心不说是翻江倒海，至少也是微澜频起。我总安慰自己"不以物喜，不以己悲"，要坚守自己的心。

你的人生不是为了衬托别人的闪耀，你的努力也不是为了遮盖别人的光芒。

要知道，你总有自己的生活，跑到别人的轨道上的火车，永远到不了你想去的目的地。

你要相信，每个人的人生都无法复制，别人的光芒既照不亮你的前方，也抹不掉你身上的光。别人的人生能给你的只有启发和思考,你需要的不是效仿,而是更用力地看清自己的前方。

只要坚持往前走,别人的光芒终究只是你路上的风景与背景。只要走得足够远,再耀眼的光芒都将甩在你身后,或许在别人眼里,你留下的也是一个万丈光芒的背影。但你知道,那又如何?

前提是,你得能听到自己内心的声音,深知自己想要的。

▼ 别因他人的指指点点迷失了自己

你有没有在别人的指指点点中忘记该怎么生活？你有没有在别人议论纷纷时觉得不知所措？

这其实并不是你的错，因为，无论你怎么活，总会有人对你的生活说三道四。

这是我发小阿燕第三次考研了，这次报考除了我之外只有她父母知道。

对我发小来说，考研之路无疑是艰辛的，学习的压力只是一部分，更大的压力来自周围的人对她的指指点点。从她产生考研这个念头开始，周围的质疑声就从来没有停止过：

"考研哪有那么容易，阿燕平时的成绩又没有多好。""选了个这么好的学校考，概率很渺茫啊。"……果然，阿燕没有通过初试。第二年，努力了一年的阿燕好不容易通过了初试，可在复试的时候又被刷了下来。周围的"先知"瞬间增多，"想跟应届生拼也真是不自量力""阿燕肯定考不上，还不如老老实实找个工作，整天在家待着算怎么回事"的论调也甚嚣尘上。阿燕被接连的失利打击得沮丧极了，他人的指指点点消磨了她最后的勇气。阿燕一气之下将所有的考研资料都卖了废品，决定老老实实找个工作，再也不去想考研的事情。

去年，我看到了新出的考研信息，想到想要考研的阿燕，马上给她转发了过去，可她却转而说起了别的话题。趁着午休，我直接去了她的单位，跟她坐在她单位下的咖啡厅里谈了许久，要她别放弃自己真正想做的事，她后来沉默不语，我也弄不清她的心意。三天之后，阿燕给我发来了微信，说她打算再试一次，我很高兴她能有再去尝试的勇气。

买资料前，我劝她不要太过执着于那些热门的大学，只要学校的专业够硬，稍微冷门一些的大学也可以，阿燕听取了我的建议。终于，初试结束了，阿燕的成绩名列前茅，只要面试没出太大问题,她应该不会再次失之交臂。不过保险起见,我还是劝阿燕去面试培训班培训一下,阿燕也真的去了。

出结果那天,我心中暗自焦急,希望能早点儿知道结果,却又害怕是坏消息。终于,阿燕打了电话过来,听到她激动的话语,我就知道一定是个好消息。听到她前言不搭后语地告诉我她通过了面试,我也鼻头一酸,差点儿掉下了眼泪。没有人比我更清楚她为此付出了多少努力,也没有人比我更清楚她究竟忍受了多少委屈,现在终于有了好的结果,这是对她所有努力和委屈最好的报答。

那天晚上,我们一起吃饭,她紧紧地抓着我,哭着对我表达了她的谢意。她说是我给了她勇气,让她突破了人们的指指点点,找回了自己。

有一些人很奇怪,见不得别人过得好,也见不得别人过得不好,所以常常会对别人的生活指指点点、说三道四。

往小事上说,比如你今天穿了件新买的衣服,有人忌妒你穿得好看,故意说这件衣服一点儿都不适合你;有人虽然心里觉得你穿得不好看,却一个劲儿地夸衣服好看,还说你眼光真好。

往大事上说，比如你的婚姻出了点儿状况，要是离婚吧，会有人说你傻，好好的家庭拱手让人；要是不离婚吧，还是会有人说你傻，被欺负了还要忍气吞声。

这样被别人一说，估计你也不知道衣服是不是好看，婚还要不要离。

当你遇上一些事的时候，还有些人喜欢把自己的经验硬塞给你。无论你遇到了什么样的事，他一定会跟你说，这事他也遇到过，他是如何如何做的，所以你也应该如何如何做。

这些人的经验听上去很有道理，毕竟是人家的好意，但是，你最好还是清醒一点，想想他是不是真的把自己的事情处理好了，还是只是纸上谈兵。

很多时候别人对你生活的看法你都是不需要在乎的，因为生活本身就是复杂的，别人忙着思考自己的生活还嫌没时间，又怎么能帮你彻彻底底地分析你的问题呢？就算他有时间帮你分析，但是，他毕竟不是你，事情的前因后果他不一定了解，所以你心里的感受他也不一定能设身处地地体会到。

别人对你的生活说三道四却不用对你的生活负责，所以他们可能也就是嘴上一说,之后便忘。你要是太当真,还纠结于其中,未免有些不值得,所以这些议论你也不必在意。

生活是自己的,该怎么过还得怎么过,别人说的都不必在意!

▼ 勇敢地去做自己,谁的人生不是披荆斩棘

前段时间,我很欣赏的歌手在唱歌比赛中唱了我喜欢的一首歌——《灯塔》。唱之前她说了几句话。她说那几句话时一腔坦诚,我一听就知道她在这几年里经受了比常人更多的苦难。这是她的选择,也是她的宿命。她说她年少轻狂时经常说,别人能不能听懂她的歌,无所谓,因为她要做她自己。

"做自己"实在是人世间太常见、也太艰辛的三个字了,真正做过自己的人都明白。他们都曾在年少时的某个平凡夜晚郑重说出过这三个字,那时他们并不知晓,即将接踵而至的、无因的万千苦难,已经悄然等候在次日清晨睁眼的那

一刻。

对于这一点,我实在也算是有发言权的了。虽然我并未对自己许下如此诺言,也的确不认为做自己就有多么独特和光辉,但我却清楚地知道,无论我情愿与否,"做自己"这三个字都无可奈何地刻进了我的骨子里。这些是我于多年前,从一位前辈看我的眼神里发现的。

我上大学时曾选修过古典文学鉴赏。至于为什么会选修这个,我已经记不得了,当然也记不得在这门课程上学到了什么,但我仍记得授课的女教师对我说的那句话。

这位女教师曾是清华数学系本科毕业的一位女大学生,工作两年后考了北大文学系的研究生,毕业后就到我们大学文学院工作了。她是被骗来的,是被我们学校扬言要向综合型大学发展时画的大饼骗来的。从她过去的经历以及私下里的几次交谈来看,她是一位做过自己的人。在我决定出去闯荡前和她进行的最后一次聊天中,她用一种怜悯的、慈爱的、出院的人对仍未康复的病友才会用的眼神看着我,说:"你要做好心理准备,你以后一定会活得很苦。"

女教师预测对了,之后的这几年,我的确过得异常辛苦。可话说回来,谁又不苦呢?苦实在是世上最没法喊委屈的事,就如同在喊我为什么是人一般不可理喻。

我的朋友光光给我的形容是驴。她说我给他的感觉就一个字，倔。可以拐弯的地方非要直着走，可以妥协的地方非要反着来，就那么赤裸裸地在这片被人情世故笼络住的大地上我行我素着。

其实光光形容得再准确不过了，我确实像驴。但她解释错了，她啊，是故意错的，给我留了个面子，也给所有愿意做自己的人留了个面子。

其实做自己的人哪里是不愿拐弯呢，明明就是不会拐弯啊。哪里是不愿妥协呢，明明就是不会妥协啊。这绝不是一种变相的自我夸耀，不是一边拍着胸脯说我不会，一边对语气里的桀骜不驯深感自豪；一边感慨世态炎凉，一边对自己的不识时务孤芳自赏。就是字面上的"不会"，是一种能力上的缺失——做自己的人，明明就是除了做自己，再不会别的了。

做自己，从来都不是一种选择，而是一种宿命。

后来，我的眼睛里也会出现那种带有怜悯和慈爱意味的眼神，尤其是读完一些粉丝发来的私信之后。我仍记得某位粉丝讲述完做自己带给她的遍体鳞伤的际遇之后，说的那句让我至今想起仍会眼眶发红的话。她说："无论如何，我不后悔，我一定要明明白白活我这一生。我一定要，明明白白，活我这一生。"

我知道，我为这位粉丝心疼时，何尝不是在心疼当年的我自己。就像那位女教师一样，她怜悯我，何尝不是在怜悯当年的她。

前两年我特别喜欢 GALA 的那首《追梦赤子心》。有一句歌词，每每听到都会让我热泪盈眶："命运无法让我们跪地求饶，就算鲜血洒满了怀抱。"这样的歌词和句子还有很多，总结下来其实就是一句话："我不改，反正我不改。"有一种即使知道结局是沉溺也要下潜，即使知道结局是殆尽也要燃烧，一边不断遭受着命运不知疲倦地玩弄，一边不变初心地痛哭流涕着说我不后悔的，伪装成潇洒的狼狈劲儿。

其实，做人哪有不后悔的。

"不后悔"这三个字太费尊严了。不外乎是说给自己听的慰藉：给昨日的自己挽回自尊，给明日的自己壮壮胆量。人活于世，一天比一天明了通透，怎能不嫌弃年少懵懂。若真能不后悔，不是原来就没走心，就是傻到忘了疼。

做自己的，就更不敢说后悔了，活得本就是一股与命运抗衡的劲儿，一旦后悔，就直接否定了自己的本。但终有一天，当意识到"明明白白地活"并不能让生命高贵多少、广阔多少的时候，意识到与其纵情燃烧不如苟延残喘的时候，意识到度过这一生的最佳方式竟是难得糊涂的时候，意识到自己给自己的命途带来的多舛，让自己失去了原有的一切的时候，总会在多年后的一个又一个平凡夜晚，对当初许下做自己的同一片夜空，流露出后悔的神色，对吧？

唉，可惜的是，不对。

做自己的人是不会后悔的。做自己的人，虽然常常会在夜深人静时嘲笑自己的一意孤行，但却会在每一个清晨睁眼的那一刻，再一次下定决心，重新踏上做自己的那条道路。因为他们坚信，在那条道路的终点，有一道能让他们彻底推翻众人的，能为自己正名的光。

那位做自己的歌手在翻唱《灯塔》之前，还说了另外一句话。她说她现在真真切切地认为，再怎么样去孤芳自赏，她也是孤单的，她想与人接近，她想她的音乐与人接近。我一开始以为她说的是冠冕堂皇的客套话，毕竟做自己的人是不会轻易妥协的。直到《灯塔》的伴奏一起，她一开嗓，我才明白，原来她说的是真的，她已经在属于她的那条做自己的道路上，走完了全程——当她唱到"突然领悟，铭心刻骨，勇敢地放声痛哭"时,她双眼含泪,不断点头,像是赎罪一般,紧紧按住了胸口。

那是她在为终于走到了做自己的终点,喜极而泣的样子。

而她等来的,并不是那一道光。

朴树在沉寂了将近十年后,带着《平凡之路》重新出道了。他被记者问过这样一个问题:"作家弗朗索瓦兹·萨冈在其作品《肩后》中曾说:'精神健康状况欠佳,都是野心造成的。'你认同这个说法吗?"这个问题尖锐得吓了我一跳,但朴树的回答更是坦诚得吓了我一跳。朴树说他非常认同,他说文艺是个化合产物,里面有特美好的感情,也有欲望和名利心。

我当然知道,他就只能说到这里,点到为止了。

我斗胆替他说下去吧。

做自己的人,也是一样。做自己从来都不是一件纯粹的事情。除了欲望和名利心,做自己的人还需要在做自己时,让世人都能够倾听和认同他们心中的自己。做自己,从来都是一道独裁般的野心,一道既要随心所欲地活着和表达自我,又要世人为其所表达的自我摇旗呐喊的野心。

这道野心因为将自己放大了无数倍而愈加不切实际,而这份不切实际所导致的命中注定的挫败，所产生的愤怒和迷茫，就是做自己的人为宿命带来的第一个苦难。那位唱《灯塔》的歌手一定也经历过这种苦难。我虽然不知道她这八年中到底发生过什么，但我知道愤怒和迷茫对她来说是如影随形的，而这种愤怒和迷茫的终点，就是她对自我的怀疑和否定，而这就是做自己的人为宿命带来的第二个苦难。她说她有段时间为了让更多的人认同，为了拥有更多的歌迷和粉丝，做出过妥协，她嘲笑过去说的那句"你们爱听什么，我就唱什么呗"，语气里充满了对当年的不满与不屑，因为她自始至终都没有真正妥协过。这就是做自己的人，为宿命带来的第三个苦难，一种伪装成妥协的消极抵抗。

这就是那条做自己的道路的尽头。等候在终点的，并不是那一道能让他们彻底推翻众人的、能为自己正名的光，而是一直支撑他们做自己的，那个早已被他们自己神话了的，自己的"死"。

这就是做自己的全部答案。这是每一个做自己的人都无法选择和避免的宿命，一段必经消亡和复生的，重新认识真的自己的宿命。而那位唱《灯塔》的歌手在舞台上双目含泪的样子，也并不是在惦念那个"死去"的自己，那是在为她自己的"死"庆贺的样子。

因为在那之后,留下的,才是真正的纯粹的自己,一个洗尽铅华、返璞归真的自己。

▼
人生短暂，你只需活给自己看

有一个民间故事说，一头母猪带着九只小猪过河，临过河时母猪怕把小猪淹死，仔细点了点数，连它自己算上，过河的一共是十头猪。等过了河再一数小猪，发现只有九头了。于是母猪就站在河边，朝河里看，只见河水滔滔而去，却不见丢失的那头小猪的影子。母猪认定，是河水把它的小猪淹死了，就在河边伤心地哭起来。一只过河的狗看见它哭，问它为什么这么伤心。母猪把丢小猪的事说了。狗告诉它说："你的小猪没有丢，不信你再数数。"母猪又数了一遍，果然岸上一共十头猪，它很奇怪，狗告诉它说："你忘了你自己。"

人们都把这个故事当笑话听。其实这个故事说的未尝不是现实中的事。人非圣贤,不是完人,怎能无瑕疵?怎能无遗憾?要想面面俱到,全能全有,从古至今,未曾有人做到。但世间只有想不到的事,没有做不到的事。我是谁?我如何做人?我能干什么?我做得怎样?我要到哪里去?在茫茫的人生旅途中,我们必须时时问问自己,叮嘱自己,给自己的心亮起一盏灯,磨砺自己。这样才能把人做好,把事做好。

挪威著名剧作家易卜生有句名言:"人的第一天职是什么?答案很简单:做自己。"做自己,看似再自然不过的事,实则不容易。它遇到的第一个强劲对手就是"自己"。需要时时战胜自己,找回迷失的自己,才能做自己。

能否战胜自己是和能否认识自己联系在一起的。认识自己是前提,战胜自己是目的。老子说:"知人者智,自知者明,自胜者强。"对自己的智慧、能力、经验、环境、条件等方方面面有清醒的认识和科学的判断,才能准确地把握自己,冷静地驾驭自己,实事求是地规划自己,让生命之舟沿着正确的航向扬帆前进。不过高估计自己,才能克服自负和任性,才能不想入非非,不浮躁癫狂。不过低估计自己,才会战胜自卑和怯懦,才不会缩手缩脚,才不会胆小怕事。而一旦步入误区,赶快迷途知返,及时修正自己,这样才能活得真实自在，才能充分实现自己的人生价值，才能活得潇洒，才能保持自己的个性，才能不迷失自己。

不是张顺，就不要争着下水；不是李逵，也不要抢着上岸。该怎样生活就怎样生活，该做什么事就做什么事，该做什么人就做什么人。总之要自自然然地做自己，堂堂正正地做自己，舒舒坦坦地做自己，不要强行扭曲自己，那样既痛苦，对社会和个人来说又是一种损失。

"浮生若梦""人生几何"。从生命的短暂性来说，人生的确是一场梦。人来到这个世界上走一遭，应该想方设法活得自由，活得轻松，活得舒心。因此，要尽可能地把握生活中每一点儿美好的时光，把握每一次可能碰到的机遇，把握自己的一生，精精神神、实实在在、健健康康地活着。有许多人觉得"活得累"，大多是"迷失"了自己。有些人惯于搞歪门邪道，善于逢迎拍马，长于千方百计抬高自己，挖空心思贬低别人，甚至做出媚上欺下、弄虚作假等丧失人格的事来，这样的心态岂有不"累"之理？人活世上，要不卑不亢，没必要违心地做人，更无须戴上假面具逢场作戏。

活着，从形式上讲可分为两种：一种是给别人看；一种是给自己看。活给别人看，叫作死要面子活受罪。活给别人看，就会与别人比较，总感觉自己的钱不如别人的多，车子不如别人的好，妻子不如别人的漂亮，儿子的成绩不如别人的好……越比越心烦，越比越窝火。正所谓"货比货得扔，人比人气死人"！人应该活给自己看，身体是自己的，生命是自己的，灵魂是自己的，人生也是自己的。既然都是自己的，为什么要活给别人看呢？的确，只要自己活得坦然，完全没有必要太在意别人的评判。

"清水出芙蓉，天然去雕饰"是一种天然美。做真实的自己，做最好的自己，正是这种天然美在人生观上的体现。这同样是一种很高的境界，不要小看这点。可以想象，如果我们每一个人都能守住自己的清纯本性，展示自己的人格风采，那么人生将会变得更加精彩。